RÉFLEXIONS

DE

L'EMPEREUR JULIEN

SUR LES DOGMES

DE LA

RELIGION CHRÉTIENNE.

Том. II.   A

Ὁ παρ᾽ ὑμῖν κηρυτ7όμενος Ἰησῦς, εἰς ἣν τῶν Καίσαρος ὑπηκόων. εἰ δὲ ἀπιϛεῖτε, μικρὸν ὕϛερον ἀποδείξω· μᾶλλον δὲ ἤδη λεγέϑω. Φατὲ μέν τοι αὐτὸν ἀπογράψαϑαι μετὰ τῦ πατρὸς καὶ τῆς μητρὸς ἐπὶ Κυρηνίυ. ἀλλὰ γενόμενος, τίνων ἀγαθῶν αἴτιος κατέϛη τοῖς ἑαυτῦ συγγενέσιν; ὰ γὰρ ἠϑί ϳσαν φασὶν ὑπακῦσαι αὐτῷ. τί δὲ, ὁ σκληροκάρδιος καὶ λιθοτράχη-

λος

---

* *Ils ont refusé de croire en lui, ὰ γὰρ ἠϑίλησαν ὑπακῦσαι αὐτῷ.* Aussi l'obstination des Juifs a-t-elle été punie : ils ont été dispersés, comme les Prophetes l'avoient

Ce Jésus que vous prèchez, O Galiléens! fut un sujet de César. Si vous refusez d'en convenir, je vous le prouverai bientôt, & même dès à présent. Ne dites-vous pas qu'il fut compris avec son Pere & sa Mere, dans le dénombrement sous Cyrenius? Dites-moi, quel bien a-t-il fait après sa naissance, à ses concitoyens; & quelle utilité ils en ont retirée? ils n'ont pas voulu croire en lui, & ont refusé de lui obéir. [1] Mais comment est-il arrivé que ce peuple, dont le cœur & l'esprit avoient la dureté de la pierre, ait obéi à MOI-

prédit, dans le monde entier. Il n'a pas resté pierre sur pierre dans Jérusalem & dans le Temple, ainsi que Jésus-Christ le leur avoit annoncé.

λος ἐκεῖνος λαὸς, πῶς ὑπήκουσε τῷ Μωσέως;
Ἰησοῦς δὲ, ὁ τοῖς πνεύμασιν ἐπιτάττων, καὶ
βαδίζων ἐπὶ τῆς θαλάσσης, καὶ τὰ δαιμόνια
ἐξελαύνων, ὡς δὲ ὑμεῖς θέλετε, τὸν οὐρανόν καὶ
τὴν γῆν ἀπεργασάμενος, (ὁ γὰρ δὴ ταῦτα τε-
τόλμηκέ τις εἰπεῖν περὶ αὐτοῦ τῶν μαθητῶν,
εἰ μὴ μόνος Ἰωάννης, οὐδὲ αὐτὸς σαφῶς,
οὐδὲ τρανῶς· ἀλλ᾽ εἰρηκέναι γε συγκεχω-
ρήσθω·) οὐκ ἠδύνατο τὰς προαιρέσεις ἐπὶ σω-

τηρία

a *Opéré le salut de sa patrie &c.* Non seulement Jésus Christ a opéré le salut de la Judée, mais celui du monde entier, où sa Loi divine, & sa parole sacrée ont été
portées par ses Apôtres & leurs successeurs. L'idolatrie
a été détruite: la pureté d'une Religion sainte a succédé
à l'impureté d'un culte extravagant: le Dieu Créateur
de l'Univers a été adoré à la place des Idoles, des mon-
stres, des végétaux; & la véritable philosophie, qui est

à Moïfe, & qu'il ait méprifé Jéfus qui, felon vos difcours, commandoit aux Efprits, marchoit fur la mer, chaffoit les démons, & qui même, s'il faut vous en croire, avoit fait le ciel & la terre ? Il eft vrai qu'aucun de fes Difciples n'a j'amais ofé dire rien qui concerne ce dernier article; fi ce n'eft Jean, qui s'eft même expliqué là deffus d'une maniere très obfcure & très énigmatique: mais enfin convenons, qu'il a dit clairement que Jéfus avoit fait le ciel & la terre. Avec tant de puiffance, comment n'a-t-il pu faire ce que Moïfe avoit exécuté ; & par quelle raifon n'a-t-il pas opéré le falut de fa patrie, [2] & chan-

---

l'étude de la Sageffe, a pris la place d'une vaine fpéculation, qui n'avoit aucun rapport avec la vertu, & qui conduifoit ordinairement aux plus grandes erreurs. Un Ecrivain Eccléfiaftique a remarqué avec beaucoup de fondement, que la philofophie païenne aveugla Julien, & qu'il commença à méprifer les Chrétiens, dès qu'il voulut ne plus confulter que la raifon, fans avoir égard à la foumiffion que demande la foi. *Julianum Apofta-*

τηρίᾳ τῶν ἑαυτῦ φίλων ϗαὶ συγγενῶν με-
τακῆσαι.

Ταῦτα μὲν ὖν ϗαὶ μικρὸν ὕσερον, ὅταν
ἰδίᾳ ϖερὶ τῆς τῶν ἐυαγγελίων τερατυργίας ϗαὶ
σκευωρίας ἐξετάζειν ἀρξώμεθα. νυνὶ δὲ ἀπο-
κρίνεσθέ μοι ϖρὸς ἐκεῖνο· πότερον ἄμεινον, τὸ
διηνεκὲς μὲν ἐῖναι ἐλέυθερον, ἐν δισχιλίοις
ὅλοις ἐνιαυτοῖς ἄρξαι τὸ πλεῖον γῆς ϗαὶ θα-
λάσ-

tam non alia de caufa Chriſtum redemtorem noſtrum ne-
gaſſe traditum eſt, quam quod rationis ſtudioſior factus hu-
militatem fidei noſtræ irridere, contemtuique habere cœpit.
„Mapheus Vegius in lib. de bono perſeverant. p. 130. „
S. Ambroiſe fait le même reproche à cet Empereur :
Julien, dit-il, abandonna l'auteur de ſon ſalut, pendant
qu'il ſe livroit à l'erreur de la philoſophie. *Julianus ſa-*
lutis ſuæ reliquit autorem, dum philoſophiæ ſe dedit errori.
Ambroſ. de obitu Theodoſii. p. 182.

3 *Et les menſonges.* Il n'eſt point de livre où la vérité paroiſſe avec plus de ſimplicité, & en même tems avec
plus d'éclat que dans les Evangiles. Les miracles y ſont
rapportés avec la même candeur & la même ingénuité
que les faits ordinaires. On ſent que les Evangéliſtes

changé les mauvaises difpofitions de fes concitoyens?

Nous reviendrons dans la fuite à cette queftion, lorsque nous examinerons les prodiges & les menfonges [3] dont les Evangiles font remplis. Maintenant je vous demande quel eft le plus avantageux, de jouir perpétuellement de la liberté de commander à la plus grande partie de l'Univers, ou d'être efclave & foumis à une puiffance étrangere?

Per-

ont voulu perfuader plus par leur bonne foi, que par leurs difcours dépouillés d'éloquence, & de tout ce qu'on emploie pour perfuader ceux qu'on veut féduire. C'eft des Evangéliftes qu'on peut dire avec S. Paul: ,,Notre ,,gloire eft le témoignage de notre confcience, de ce ,,qu'en fimplicité & fincérité de Dieu, & non pas avec ,,une fageffe charnelle, mais felon la grace de Dieu, nous ,,avons converfé dans le monde, & particulierement avec vous. *Nam hæc noftra gloriatio eft, noftræ confcientiæ teftimonium: quod cum divina fimplicitate ac finceritate, non cum humana fapientia, fed cum divina gratia, verfati fumus, quum in reliquo orbe tum potiffimum apud vos.* ,,D. Paul. Epift. 2. ad Corinth. Cap. I. v. 12.

A 4

λάσσης, ἢ τὸ δȣλεύειν κỳ πρὸς ἐπίταγμα
ζῆν ἀλλότριον; ȣδεὶς ȣ̈τως ἐςὶν ἀναίσχυντος,
ὡς ἑλέϑαι μᾶλλον τὸ δεύτερον. ἀλλὰ τὸ πο-
λέμῳ κρατεῖν, οἰήσεταί τις τȣ̈ κρατεῖϑαι χεῖρον; ȣ̈τω τίς ἐςιν ἀναίσθητος; εἰ δὲ ταῦτα
ἀληϑῆ Φαμὲν, ἕνα μοι κατὰ Ἀλέξανδρον
δείξατε ςρατηγὸν, ἕνα κατὰ Καίσαρα, παρὰ
τοῖς Ἑβραίοις. ȣ̈ γὰρ δὴ παρ ὑμῖν. καίτοι μὰ
τὰς Θεȣ̀ς, ἐυ ἐῖδ̓ ὅτι περιυβρίζω τὰς ἄνδρας.
ἐμνημόνευσα δὲ αὐτῶν ὡς γνωρίμων, οἱ γὰρ
δὴ τȣ́των ἐλάττȣς ὑπὸ πολλῶν ἀγνοȣ̈νται, ὧν
ἕκαςος πάντων ὁμȣ̈ τῶν παρ Ἑβραίοις γεγο-
νότων ἐςὶ ϑαυμαςότερος.

Ἀλλ ὅτε τῆς πολιτείας ϑεσμὸς, κỳ τύ-
πος τῶν δικαςηρίων, ἡ δὲ περὶ τὰς πόλεις οἰκο-
νομία κỳ τὸ κάλλος, ἡ δὲ ἐν τοῖς μαθήμασιν
ἐπίδοσις, ἡ δὲ ἐν ταῖς ἐλευϑέροις τέχναις ἄσκη-
σις, ȣ̓χ ὡς Ἑβραίων μὲν ἦν ἀθλία κỳ βαρβα-
ρική; κỳ τοι βȣ́λεται ὁ μοχθηρὸς Ἐυσέβιος,
εἶναί

Perfonne n'eft affez infenfé pour choifir ce dernier parti : car quel eft l'homme affez ftupide, pour aimer mieux être vaincu que de vaincre à la guerre? Ce que je dis, étant évident, montrez-moi chez les Juifs, quelque Héros qui foit comparable à Alexandre & à Céfar. Je fais que j'outrage ces grands hommes de les comparer à des Juifs: mais je les ai nommés parcequ'ils font très illuftres. D'ailleurs, je n'ignore pas qu'il y a des Généraux qui leur étant bien inférieurs, font encore fupérieurs aux Juifs les plus célebres; & un feul de ces hommes eft préférable à tous ceux que la nation des Hébreux à produits.

Paffons de la guerre à la politique: nous verrons que les loix civiles, la forme des jugemens, l'adminiftration des villes, les fciences & les arts n'eurent rien que de miférable & de barbare chez les Hébreux; quoiqu'Eufebe veut qu'ils aient connu la verfi-

A 5   fication,

εἶναί τινα καὶ παρ᾽ αὐτοῖς ἐξάμετρα, καὶ
φιλοτιμεῖται λογικὴν εἶναι πραγματείαν
παρὰ τοῖς Ἑβραίοις, ἧς τἄνομα ἀκήκοε παρὰ τοῖς
Ἕλησι. ποῖον ἰατρικῆς εἶδος ἀνεφάνη παρὰ
τοῖς Ἑβραίοις, ὥσπερ ἐν Ἕλησι τῆς Ἱπποκρά-
τες, καὶ τινων ἄλλων μετ᾽ ἐκεῖνον αἱρέσεων;

Ὁ σοφώτατος Σαλομὼν παρόμοιός ἐςι τῷ
παρ᾽ Ἕλησι Φωκυλίδῃ, ἢ Θεόγνιδι, ἢ Ἰσοκρά-
τει; πόθεν; εἰ γῶν παραβάλοις τὰς Ἰσοκρά-
τες παραινέσεις ταῖς ἐκείνε παροιμίαις, εὕροις
ἂν, εὖ οἶδα, τὸν τῶ Θεοδώρω κρείττονα τῶ σο-
φωτάτω βασιλέως. ἀλλ᾽ ἐκεῖνός, φασι, περὶ
θεεργίαν ἤσκητο. τί ἔν; ἐχὶ καὶ ὁ Σαλομὼν
ὗτος τοῖς ἡμετέροις ἐλάτρευσε θεοῖς, ὑπὸ τῆς
γυναικὸς, ὡς λέγωσιν, ἐξαπατηθείς; ὦ μέγεθος
ἀρετῆς! ὦ σοφίας πλῶτος! ἐ περιγέγονεν ἡδο-
νῆς, καὶ γυναικὸς λόγοι τῶτον παρήγαγον.
εἴπερ ἂν ὑπὸ γυναικὸς ἠπατήθη, τῶτον σοφὸν
μὴ λέγετε. εἰ δὲ πεπιςεύκατε εἶναι σοφὸν, μὴ
τοι

fication, & qu'ils n'aient pas ignoré la logi-
que. Quelle école de médicine les Hébreux
ont-ils jamais eue femblable à celle d'Hippo-
crate, & à plufieurs autres qui furent établies après la fienne?

Mettons en parallele le très fage Salomon avec Phocylide, avec Théognis, ou
avec Ifocrate: combien l'Hébreu ne fera-t-il
pas inférieur au Grec? Si l'on compare *les
avis* d'Ifocrate avec les *Proverbes* de Salomon,
l'on verra aifément que le fils de Théodore
l'emporte de beaucoup fur le Roi très fage.
Mais, dira-t-on, Salomon avoit été inftruit
divinement dans le culte & la connoiffance
de fon Dieu; qu'importe? le même Salomon n'adore-t-il pas nos Dieux, trompé,
à ce que difent les Hébreux, par une femme?
Ainfi donc le très fage Salomon ne put
vaincre la volupté; mais les difcours d'une
femme vainquirent le très fage Salomon.
O grandeur de vertu! O richeffes de fageffe!
Gali-

τοι παρὰ γυναικὸς αὐτὸν ἐξηπατῆδθαι νομίζε-
τε· κρίσει δὲ οἰκείᾳ καὶ συνέσει, καὶ τῇ παρὰ
τῶ Φανέντος αὐτῷ Θεῶ διδασκαλίᾳ πειθόμενος,
λελατρευκέναι καὶ τοῖς ἄλλοις θεοῖς. Φθόνος
γὰρ καὶ ζῆλος, ὐδὲ ἄχρις τῶν ἀρίςων ἀνθρώπων ἀφικνεῖται· τοσῦτον ἄπεσιν ἀγγέλων καὶ
Θεῶν. ὑμεῖς δὲ ἄρα περὶ τὰ μέρη τῶν δυνά-
μεων ςρέφεδθε, ἃ δὴ δαιμόνιά τις εἰπὼν, ὐκ
ἐξαμαρτάνει. τὸ γὰρ Φιλότιμον ἐνταῦθα καὶ
κενόδοξον· ἐν δὲ τοῖς Θεοῖς ὐδὲν ὑπάρχει καὶ
τοιῦτον.

Τῶ χάριν ὑμεῖς τῶν παρ᾽ Ἕλλησι παρεδθίε-
τε μαθημάτων, εἴπερ αὐτάρκης ὑμῖν ἐςὶν ἡ
τῶν ὑμετέρων γραφῶν ἀνάγνωσις; καὶ τοι
κρεῖττον, ἐκείνων εἴργειν τὺς ἀνθρώπυς, ἢ τῆς
τῶν ἱεροθύτων ἐδωδῆς. ἐκ μὲν γὰρ ἐκείνης, καθὰ
καὶ ὁ Παῦλος λέγει, βλάπτεται μὲν ὐδὲν ὁ
προσ-

Galiléens, fi Salomon s'eft laiffé vaincre par une femme, ne l'appellez plus fage : fi au contraire vous croyez qu'il a été véritable- ment fage, ne penfez pas qu'il fe foit laiffé honteufement féduire. C'eft par prudence, par fageffe, par l'ordre même de fon Dieu que vous croyez s'être révélé à lui, qu'il a honoré les autres Dieux. L'envie eft une paffion indigne des hommes vertueux, à plus forte raifon des Anges & des Dieux. Quant à vous, Galiléens, vous êtes fortement atta- chés à un culte particulier : c'eft là une vaine ambition, & une gloire ridicule dont les Dieux ne font pas fufceptibles.

Pourquoi étudiez vous dans les écoles des Grecs, fi vous trouvez toutes les fciences abondamment dans vos Ecritures ? Il eft plus néceffaire que vous éloigniez ceux qui font de votre religion, des Ecoles de nos Philofo- phes, que des facrifices & des viandes offertes aux Dieux : car votre Paul dit : *celui qui*

mange

προσφερόμενος· ἡ δὲ συνείδησις τῦ βλέποντος ἀδελφῦ σκανδαλισθείη ἀν καθ᾽ ὑμᾶς. ὦ σοφώτατοι . . . φάναι! διὰ δὲ τῶν μαθημάτων τύτων, ἀπέση τῆς ἀθεότητος πᾶν ὅτιπερ παρ᾽ ὑμῖν ἡ φύσις ἤνεγκε γενναῖον. ὅτῳ ἦν ὑπῆρξεν εὐφυίας κἂν μικρὸν μόριον, τύτῳ τάχισα συνέβη τῆς παρ᾽ ὑμῖν ἀθεότητος ἀποσῆναι. βέλτιον ἦν εἴργειν μαθημάτων ἢ τῶν ἱερείων τὸς ἀνθρώπους. Ἀλλ᾽ ἴσε κα὿ ὑμεῖς, ὡς ἐμοὶ φαίνεται, τὸ διάφορον εἰς σύνεσιν τῶν παρ᾽ ὑμῖν . . . . . ὐδ᾽ ἂν γένοιτο γενναῖος ἀνὴρ μᾶλλον ὐδὲ ἐπιεικής. ἐκ δὲ τῶν παρ᾽ ἡμῖν, αὐτὸς αὐτῦ πᾶς ἂν γένοιτο καλλίων, εἰ κα὿ παντάπασιν ἀφυής τις εἴη. Φύ-

σεως

mange ne blesse point. Mais, dites-vous, la conscience de votre frere qui vous voit participer aux sacrifices, est offensée; O les plus sages des hommes! *pourquoi la conscience de votre frere n'est-elle pas offensée d'une chose bien plus dangereuse pour votre Religion?* car par la fréquentation des écoles de nos maîtres & de nos Philosophes, quiconque est né d'une condition honorable parmi-vous, abandonne bientôt vos impiétés. Il vous est donc plus utile d'éloigner les hommes des sciences des Grecs, que des victimes. Vous n'ignorez pas d'ailleurs, combien nos instructions sont préférables aux vôtres, pour acquérir la vertu & la prudence. Personne ne devient sage & meilleur dans vos écoles, & n'en rapporte aucune utilité: dans les nôtres, les tempéraments les plus vicieux, & les caracteres les plus mauvais sont rendus bons, malgré les oppositions que peuvent apporter à cet heureux changement la pesanteur de

l'ame,

σεως δὲ ἔχων ἔυ, κẹὴ τὰς ἐκ τύτων προσ-
λαβὼν παιδείας, ἀτεχνῶς γίνεται τῶν Θεῶν
τοῖς ἀνθρώποις δῶρον, ἤτοι Φῶς ἀνάψας ἐπι-
σήμης, ἢ πολιτείας γένος, ἢ πολεμίυς πολ-
λὺς τρεψάμενος, κẹὴ πολλὴν μὲν γῆν, πολλὴν δὲ ἐπελθὼν θάλασσαν, κẹὴ τύτῳ Φανεὶς
ἡρωϊκός. κẹή μιθ' ἕτερα.   Τεκμήριον δὲ τῦτο
σαφές. ἐκ πάντων ὑμῶν ἐπιλεξάμενοι παιδία
ταῖς γραφαῖς ἐμμελετῆσαι παρασκευάσατε,
κἂν Φανῇ τῶν ἀνδραπόδων εἰς ἄνδρα τελέ-
σαντα σπυδαιότερα, ληρεῖν ἐμέ κẹὴ μελαγχο-
λᾶν νομίζετε. εἶτα ὕτως ἐσὲ δυσυχεῖς κẹὴ ἀνόη-
τοι, ὥστε νομίζειν Θείυς μὲν ἐκείνυς λόγυς,
ὑΦ' ὧν ὐδεὶς ἂν γένοιτο Φρονιμώτερος, ὐδὲ ἀν-
δρειότερος, ὐδ' ἑαυτῦ κρείττων. ὑΦ' ὧν δὲ ἔνεσιν

ἀνδρεί-

l'ame, & le peu d'étendue de l'efprit. S'il fe rencontre dans nos écoles une perfonne d'un génie heureux, il paroit bientôt comme un préfent que les Dieux font aux hommes pour leur inftruction; foit par l'étendue de fes lumieres, foit par les préceptes qu'il donne, foit en mettant en fuite les ennemis de fa patrie, foit en parcourant la terre pour être utile au genre humain, & devenant par là égal aux plus grands heros.... Nous avons des marques évidentes de cette vérité. Il n'en eft pas de même parmi vos enfans, & furtout parmi ceux que vous choififfez, pour s'appliquer à l'étude de vos Ecritures. Lorsqu'ils ont atteint un certain âge, ils font un peu au deffus des Efclaves. Vous penfez, quand je vous parle ainfi, que je m'éloigne de la raifon: cependant vous en êtes vous-même fi privés, & votre folie eft fi grande, que vous prenez pour des inftructions divines, celles qui ne rendent perfonne meilleur, qui

ne

ἀνδρείαν, φρόνησιν, δικαιοσύνην προσλαβεῖν. τύτες ἀποδίδοτε τῷ σατανᾷ, καὶ τοῖς τῷ σατανᾷ λατρεύουσιν.

Ἰᾶται ἡμῶν Ἀσκληπιὸς τὰ σώματα. παιδεύουσιν ἡμῶν αἱ Μῦσαι σὺν Ἀσκληπιῷ καὶ Ἀπόλλωνι καὶ Ἑρμῇ λογίῳ τὰς ψυχάς. Ἄρης δὲ καὶ Ἐννὼ, τὰ πρὸς τὸν πόλεμον συναγωνίζεται· τὰ δὲ εἰς τέχνας, Ἥφαιςος ἀποκληροῖ καὶ διανέμει. ταῦτα δὲ πάντα Ἀθηνᾶ μετὰ τῦ Διὸς, παρθένος ἀμήτωρ, πρυτανεύει. Σκοπεῖτε ὖν, εἰ μὴ καθ᾽ ἕκαςον τύτων ὑμῶν ἐσμὲν κρείτ7ες· λέγω δὲ τὰ περὶ τὰς τέχνας, καὶ σοφίαν, καὶ σύνεσιν. εἴτε γὰρ τὰ πρὸς τὴν χρείαν σκοπήσειας, εἴτε τὰς τῦ καλῦ χάριν μιμητικὰς, οἷον ἀγαλμα7οποιη7ικὴν, γραφικὴν, οἰκονομικὴν, ἰατρικὴν τὴν ἐξ Ἀσκληπιῦ, ὃ πανταχῦ

ne fervent ni à la prudence, ni à le vertu, ni au courage : & lorsque vous voyez des gens qui poffedent ces vertus, vous les attribuez aux inftructions de Satan, & à celles de ceux que vous dites l'adorer.

Efculape guérit nos corps, les Mufes inftruifent notre ame. Apollon & Mercure nous procurent le même avantage. Mars & Bellone font nos compagnons & nos aides dans la guerre : Vulcain nous inftruit de tout ce qui a rapport aux arts. Jupiter, & Pallas, cette Vierge née fans Mere, reglent toutes ces chofes. Voyez donc par combien d'avantages nous fommes fupérieurs : par les confeils, par la fageffe, par les arts, foit que vous confidériez ceux qui ont rapport à nos befoins, foit que vous faffiez attention à ceux qui font fimplement une imitation de la belle nature, comme la Sculpture, la Peinture : ajoutons à ces arts l'économie, & la médicine qui venant d'Efculape s'eft re-

pan-

ταχῦ γῆς ἐςὶ χρηςήρια, ἃ δίδωσιν ἡμῖν ὁ Θεὸς μεταλαγχάνειν διηνεχῶς. ἐμὲ γῦν ἰάσα7ο
πολλάκις Ἀσκληπιὸς κάμνοντα, ὑπαγορέυσας
Φάρμακα. καὶ τύτων μάρτυς ἐςὶν ὁ Ζέυς. Εἰ
τοίνυν οἱ προσνείμαν7ες ἑαυ7ὺς τῷ τῆς ἀποςα-
σίας πνέυμα7ι, τὰ περὶ ψυχὴν ἄμεινον ἔχομεν,
καὶ περὶ σῶμα καὶ τὰ ἐκ7ός· τίνος ἕνεκεν, ἀφέν-
7ες ταῦτα, ἐπ' ἐκεῖνα βαδίζετε;

Ἀνθ' ὅτυ μηδὲ τοῖς Ἑβραίοις λόγοις ἐμ-
μένε7ε, μήτε ἀγαπᾶτε τὸν νόμον, ὃν δέδωκεν ὁ
Θεὸς ἐκείνοις· ἀπολιπόν7ες δὲ τὰ πάτρια,
καὶ δόντες ἑαυτὺς οἷς ἐκήρυξαν οἱ Προφῆται,
πλέον ἐκείνων, ἢ τῶν παρ' ἡμῖν, ἀπέςη7ε; τὸ γὰρ
ἀληθὲς εἴ τις ὑπὲρ ὑμῶν ἐθέλοι σκοπεῖν, εὑρή-
σει τὴν ὑμε7έραν ἀσέβειαν, ἔκ τε τῆς Ἰυδαϊκῆς
τόλμης, καὶ τῆς παρὰ τοῖς ἔθνεσιν ἀδιαφορί-
ας

pandue par toute la terre, & y a apporté de grandes commodités, dont ce Dieu nous fait jouïr. C'eſt lui qui m'a guéri de pluſieurs maladies, & qui m'a appris les remedes qui étoient propres à leur guériſon: Jupiter en eſt le témoin. Si nous ſommes donc mieux avantagés que vous des dons de l'ame & du corps, pourquoi, en abandonnant toutes ces qualités ſi utiles, avez-vous embraſſé des Dogmes qui vous en éloignent?

Vos opinions ſont contraires à celles des Hébreux, & à la Loi qu'ils diſent leur avoir été donnée par Dieu. Après avoir abandonné la croyance de vos peres, vous avez voulu ſuivre les écrits des Prophetes, & vous êtes plus éloignés aujourdhui de leurs ſentiments que des nôtres. Si quelqu'un examine avec attention votre religion, il trouvera que vos impiétés viennent en partie de la férocité & de l'inſolence des Juifs, & en partie de l'indifférence & de la confuſion des Gentils.

Vous

ας και χυδαγότη7ος, συγκειμένην. ἐξ ἀμφοῖν
γὰρ ὅτι τὸ κάλλιςον ἀλλὰ τὸ χεῖρον ἑλκύσαν-
7ες, παρυφὴν κακῶν εἰργάσαθε. τοῖς μὲν γὰρ
Ἑβραίοις ἀκριβῆ τὰ περὶ θρησκείαν ἐςὶ νόμι-
μα καὶ τὰ σεβάσματα, καὶ τὰ Φυλάγμα7α
μυρία, καὶ δεόμενα βίε καὶ προαιρέσεως ἱερω-
7άτης. ἀπαγορεύσαν7ος δὲ τῦ νομοθέτε τὸ
πᾶσι, μὴ διαλέυειν τοῖς θεοῖς, ἑνὶ δὲ μόνον, ὗ
μερὶς ἐςιν Ἰακώβ, καὶ χοίνισμα κληρονομίας
Ἰσραὴλ, ὗ τῦτο δὲ μόνον εἰπόν7ος, ἀλλὰ γὰρ
οἶμαι καὶ προθέν7ος, ὗ κακολογήσεις Θεὸς,
ἡ τῶν γινομένων βδελυρία τε καὶ τόλμα, βε-
λομένη πᾶσαν ἐυλάβειαν ἐξελεῖν τῦ πλήθες,
ἀκολεθεῖν ἐνόμισε τῷ μὴ θεραπέυειν τὸ βλασ-
Φημεῖν. ὃ δὴ καὶ ὑμεῖς ἐν7εῦθεν εἱλκύσα7ε μό-
νον· ὡς τῶν γε ἄλλων ὗθὲν ἡμῖν τε ἐςὶ κἀκεί-
νοις παραπλήσιον. Ἀπὸ μὲν ἔν τῆς Ἑβραίων
καινο7ομίας τὸ βλασφημεῖν τιμωμήνες Θεὺς
ἡρπά-

Vous avez pris des Hébreux & des autres
peuples, ce qu'ils avoient de plus mauvais,
au lieu de vous approprier ce qu'ils avoient
de bon. De ce mélange de vices, vous en
avez formé votre croyance. Les Hébreux
ont plusieurs loix, plusieurs usages, & plusieurs préceptes utiles pour la conduite de la
vie. Leur Législateur s'étoit contenté d'ordonner de ne rendre aucun hommage aux
Dieux étrangers, & d'adorer le seul Dieu,
dont la portion est son peuple, & Jacob le lot
de son héritage. A ce premier précepte,
Moïse en ajoûte un second: *Vous ne maudi-*
rez point les Dieux: mais les Hébreux dans
la suite voulant, par un crime & une audace
détestable, détruire les religions de toutes les
autres nations, tirerent du Dogme d'honorer
un seul Dieu, la pernicieuse conséquence,
qu'il falloit maudire les autres. Vous avez
adopté ce principe cruel, & vous vous en
êtes servi pour vous élever contre tous les

Dieux,

ἡρπάσα]ε· ἀπὸ δὲ τῆς παρ᾽ ἡμῖν θρησκείας τὸ
μὲν εὐλαβές τε ὁμᾶ πρὸς ἅπασαν τὴν κρείττονα Φύσιν, καὶ τῶν πα]ρίων ἀγαπη]ικὸν, ἀπο-
λελοίπα]ε· μόνον δ᾽ ἐκ]ήσαθε τὸ πάν]α
ἐθίειν ὡς λάχανα χόρτ᾽. καὶ εἰ χρὴ τἀληθὲς
εἰπεῖν, ἐπιτεῖναι τὴν παρ᾽ ἡμῖν ἐΦιλοτιμήθητε
χυδαιότητα. τᾶτο δὲ οἶμαι καὶ μάλα εἰκότως
συμβαίνει πᾶσιν ἔθνεσιν, καὶ βίοις ἀνθρώπων
ἑτέρων, καπήλων, τελωνῶν, ὀρχησῶν, ἑτερο-
τρόπων, καὶ ἁρμότ]ειν ᾠήθητε χρῆναι τὰ παρ᾽
ὑμῖν.

Ὅτι δὲ ἐχ οἱ νῦν, ἀλλὰ καὶ οἱ ἐξ ἀρχῆς
οἱ πρῶτοι παραδεξάμενοι τὸν λόγον παρὰ τᾶ
Παύλᾳ, τοιᾶτοί τινες γεγόνασιν, εὔδηλον ἐξ ὧν
αὐτὸς ὁ Παῦλος μαρτυρεῖ, πρὸς αὐτὰς γράφων·
ἐ γὰρ ἦν ὅτως ἀναίχυντος, οἶμαι, ὡς, μὴ συνει-
δὼς αὐτοῖς ὀνείδη τοσαῦτα, πρὸς αὐτὰς ἐκείνας
ὑπὲρ αὐτῶν γράφειν. ἐξ ὧν εἰ καὶ ἐπαίνας
ἔγρα-

Dieux, & pour abandonner le culte de vos Peres, dont vous n'avez retenu que la liberté de manger de toutes sortes de viandes. S'il faut que je vous dise ce que je pense, vous vous êtes efforcés de vous couvrir de confusion: vous avez choisi parmi les Dogmes que vous avez pris, ce qui convient également aux gens méprisables de toutes les nations: vous avez pensé devoir conserver, dans votre genre de vie, ce qui est conforme à celui des cabaretiers, des publicains, des baladins, & de cette espece d'hommes qui leur ressemblent.

Ce n'est pas aux seuls Chrétiens, qui vivent aujourdhui, à qui l'on peut faire ces reproches: ils conviennent également aux premiers, à ceux même qui avoient été instruits par Paul. Cela paroît évident par ce qu'il leur écrivoit; car je ne crois pas, que Paul eût été assez impudent pour reprocher, dans ses lettres, des crimes à ses Disciples, dont ils

ἔγραφε τοσέτας αὐτῶν, εἰ καὶ ἀληθεῖς ἐτύγ-
χανον, ἐρυθριᾷν ἦν· εἰ δὲ ψευδεῖς καὶ πεπλασ-
μένοι, καταδύεϑαι φεύγοντα τὸ μετὰ ϑω-
πείας λάγνυ καὶ ἀνελευϑέρυ κολακείας ἐν-
τυγχάνειν δοκεῖν· ἃ δὲ γράφει περὶ τῶν ἀκρο-
ασαμένων αὐτῦ Παῦλος πρὸς αὐτὰς ἐκείνυς, ἐςὶ ταῦτα· μὴ πλανᾶϑε· ὔτε εἰδω-
λολάτραι, ὔτε μοιχοὶ, ὔτε μαλακοὶ, ὔτε ἀρ-
σενοκοῖται, ὔτε κλέπται, ὔτε πλεονέκται, ἀ

μέϑυ-

4 Remarquons que S. Paul ne parle pas ainſi de tous
les Chrétiens : il dit que quelques-uns d'eux avoient eu
ces défauts. Le Texte Grec eſt conforme avec le latin
καὶ ταῦτα τινες ἦτι, & hæc quidam eratis. Caſtellion
traduit & tales quidam nonnulli eratis. Comment Julien
a-t-il oſé ſubſtituer ὅτι καὶ ὑμεῖς τοιῦτοι ἦτε à la place
de καὶ ταῦτά τινες ἦτε il a donc tort de vouloir attribuer à tous les premiers Chrétiens les défauts de quelques-uns. D'ailleurs la marque de la véritable religion,
c'eſt de rendre bons ceux qui étoient méchants avant de
la profeſſer. Voilà ce que l'on doit répondre aux incré-

n'avoient pas été coupables. S'il leur eût écrit des louanges, & qu'elles euffent été fauffes, il auroit pû en avoir honte, & cependant tàcher, en diffimulant, d'éviter le foupçon de flatterie & de baffeffe; mais voici ce qu'il leur mandoit fur leurs vices. 4 "Ne "tombez pas dans l'erreur: les idolatres, les "adulteres, les paillards, ceux qui couchent "avec les garçons, les voleurs, les avares, les "ivrognes, les querelleurs, ne poffederont pas "le Royaume des Cieux. Vous n'ignorez "pas, mes freres, que vous aviez autrefois "tous

dules qui prétendent que les copiftes ont changé & altéré le texte de St. Paul, pour qu'il ne parût pas que tous les premiers Chrétiens avoient été également vicieux & méchants. Ces incrédules difent que Julien écrivant contre les Chrétiens, qui pouvoient le convaincre de mauvaife foi, n'auroit jamais ofé fonder un de fes reproches fur une fauffe citation de l'Ecriture. Mais quand même les Copiftes, par une délicateffe déplacée, auroient changé le texte de S. Paul, quel avantage en pourroit-on tirer contre une religion faite pour arracher tous les pécheurs aux vices, & les conduire à la vertu?

μέθυσοι, ἒ λοίδοροι, ἒχ ἅρπαγες, βασιλείαν
Θεᾦ κληρονομήσεσι. κỳ ταῦτα ἒκ ἀγνοεῖτε
ἀδελφοὶ, ὅτι κỳ ὑμεῖς τοιῦτοι ἤτε, ἀλλ᾽ ἀπε-
λύσασθε, ἀλλ᾽ ἡγιάσθητε ἐν τῷ ὀνόματι Ἰησῦ
Χρισῦ. Ὁρᾷς ὅτι κỳ τὅτες γενέσθαι φησὶ τοι-
ύτες, ἁγιασθῆναι δὲ κỳ ἀπολύσασθαι, ῥύ-
πτειν ἱκανῦ κỳ διακαθαίρειν ὕδατος ἐυπορή-
σαντας, ὃ μέχρι ψυχῆς εἰσδύεται. κỳ τῦ μὲν
λεπρῦ τὴν λέπραν ἒκ ἀφαιρεῖται τὸ βάπτισ-
μα, ἒδὲ λειχῆνας, ἒδὲ ἀλφὲς, ὅτε ἀκροχορδώ-
νας, ἒδὲ ποδάγραν, ἒδὲ δυσεντερίαν, ἒχ ὕδερον,
ἒ παρωνυχίαν, ἒ μικρὸν ἒ μέγα τῶν τῦ σώματος ἁμαρτημάτων, μοιχείας δὲ, κỳ ἁρπαγὰς,
κỳ πάσας ἁπλῶς τῆς ψυχῆς παρανομίας
ἐξελεῖ.

Ἐπειδὴ δὲ πρὸς μὲν τὰς νυνὶ Ἰεδαίες διαφέ-
ρεσθαι φασὶν, ἔιναι δὲ ἀκριβῶς Ἰσραηλίτας,
κατὰ τὰς Προφήτας ἀυ]ῶν, κỳ τῷ Μωσῇ
μάλιστα πείθεσθαι, κỳ τοῖς ἀπ᾽ ἐκείνων περὶ
τὴν

„tous ces vices; mais vous avez été plongés „dans l'eau, & vous avez été sanctifiés au nom „de Jésus Christ.„ Il est évident, que Paul dit à ses Disciples, qu'ils avoient eu les vices dont il parle, mais qu'ils avoient été absous & purifiés par une eau, qui a la vertu de nettoyer, de purger, & qui pénétre jusqu'à l'ame: Cependant l'eau du batême n'ôte point la lêpre, les dartres, ne détruit pas les mauvaises tumeurs, ne guérit ni la goûte ni la dissenterie, ne produit enfin aucun effet sur les grandes & les petites maladies du corps; mais elle détruit l'adultere, les rapines, & nettoie l'ame de tous ses vices.

Les Chrétiens soutiennent qu'ils ont raison de s'être séparés des Juifs: Ils prétendent être aujourdhui les vrais Israélites, & les seuls qui croient à Moïse, & aux Prophetes qui lui ont succédé dans la Judée. Voyons donc en quoi ils sont d'accord avec ces Prophetes: commençons d'abord par Moïse,

qu'ils

τὴν Ἰεδαίαν ἐπιγενομένοις πρεφήτας, ἴδωμεν κατὰ τί μάλιςα αὐτοῖς ὁμολογῦσιν. ἀρκτέον δὲ ἡμῖν ἀπὸ τῶν Μωσέως, ὃν δὴ καὶ αὐτόν φασι προκηρύξαι τὴν ἐσομένην Ἰησῦ γέννησιν. Ὁ τοίνυν Μωσῆς ὐχ ἄπαξ, ὐδὲ δὶς, ὐδὲ τρὶς, ἀλλὰ πλεισάκις, ἕνα Θεὸν μόνον ἀξιοῖ τιμᾶν, ὃν δὴ καὶ ἐπὶ πᾶσιν ὀνομάζει, Θεὸν δὲ ἕτερον ὐδαμῦ, ἀγγέλυς δὲ ὀνομάζει, καὶ κυρίυς, καὶ μέν τοι καὶ Θεὸς πλείονας. ἐξαίρετον δὲ τὸν πρῶτον, ἄλλον δὲ ὐχ ὑπείληφε δεύτερον, ὔτε ὅμοιον, ὔτε ἀνόμοιον, καθάπερ ὑμεῖς ἀπεξείργαςθε. εἰ δὲ ἔςι πυ παρ᾽ ὑμῖν ὑπὲρ τύτων μία Μωσέως ῥῆσις, ταύτην ἐςὲ δίκαιοι προφέρειν. Τὸ γὰρ, προφήτην ὑμῖν ἀναςήσει κύριος ὁ Θεὸς ἡμῶν, ἐκ τῶν ἀδελφῶν ὑμῶν, ὡς ἐμέ· αὐ-

---

8 Ceci s'adreſſe également aux ortodoxes, & aux Arriens: ces derniers étoient devenus exceſſivement

qu'ils prétendent avoir prédit la naiſſance de
Jéſus. Cet Hébreu dit, non pas une ſeule
fois, mais deux, mais trois, mais pruſieurs,
qu'on ne doit adorer qu'un Dieu, qu'il appelle le Dieu Suprême; il ne fait jamais mention d'un ſecond Dieu Suprême: Il Parle
des anges, des puiſſances céleſtes, des Dieux
des nations: il regarde toujours le Dieu Sú-
prême comme le Dieu unique: il ne penſa jamais qu'il y en eût un ſecond qui lui fût
ſemblable, ou ⁵ qui lui fût inégal, comme
le croient les Chrétiens. Si vous trouvez
quelque choſe de pareil dans Moïſe, que ne
le dites-vous; vous n'avez rien à répondre
ſur cet article: c'eſt même ſans fondement
que vous attribuez au fils de Marie, ces paroles; ⁶ *Le Seigneur, votre Dieu, vous ſuſcitera*
un

puiſſans, & nombreux, ſous le regne de Conſtance,
qui avoit précédé celui de Julien.

⁶ Deut. Chap. 18.

αὐτᾶ ἀκύσεαθε· μάλιςα μὲν ὗν ἐκ εἴρη7αι περὶ

τᾶ γεννηθέν7ος ἐκ Μαρίας. εἰ δέ τις ὑμῶν ἕνεκα

συγχωρήσειεν, ἑαυ7ῷ φησὶν αὐ7ὸν ὅμοιον γε-

νήσεαθαι, κỳ ᾗ τῷ Θεῷ· πϱοφήτην ὥσπερ

ἑαυ7ὸν, κỳ ἐξ ἀνθϱώπων, ἀλλ᾽ ὐκ ἐκ Θεᾶ. κỳ

τὸ, ὐκ ἐκλείψει ἄϱχων ἐξ Ἰᾶδα, ὐδὲ ἡγύμενος

ἐκ τῶν μηϱῶν αὐτᾶ, μάλιςα μὲν ὐκ εἴρη7αι

περὶ τύτᴜ, ἀλλὰ περὶ τῆς τᾶ Δαϐὶδ βασιλείας,

ἢ δὴ καταλῆξαι φαίνε7αι εἰς Σεδεκίαν βασι-

λέα. κỳ δὴ ἡ γϱαφὴ διπλῶς πως ἔχει· ἕως

ἔλθη τὰ ἀποκείμενα αὐτῷ. παραπεποιήκατε

δὲ ὁμοίως ὑμεῖς· ἕως ἔλθη ᾧ ἀπόκει7αι. ὅτι

δὲ

un *Prophete tel que moi, dans vos freres & vous l'écouterez.* Cependant, pour abréger la difpute, je veux bien convenir que ce paffage regarde Jéfus. Voyez que Moïfe dit qu'il fera femblable à lui, & non pas à Dieu; qu'il fera pris parmi les hommes, & non pas chez Dieu. Voici encore un autre paffage, dont vous vous efforcez de vous fervir: *Le Prince ne manquera point dans Juda & le chef d'entre fes jambes;* cela ne peut être attribué à Jéfus, mais au Royaume de David qui finit fous le Roi Zédéchias. Dailleurs l'Ecriture, dans ce paffage que vous citez, eft certainement interpolée, & l'on y lit le texte de deux manieres différentes: *le prince ne manquera pas dans Juda, & le chef d'entre fes jambes, jufques à ce que les chofes, qui lui ont été réfervées, arrivent;* mais vous avez mis à la place de ces dernieres paroles, *jufques à ce que ce*

qui

δὲ τάτων ἐδὲν τῷ Ἰησᾶ πρρσήκει, πρόδηλον.

ἐδὲ-

7 Il eſt certain, que l'endroit de l'Ecriture dont parle ici Julien, eſt un de ceux dont l'explication ſouffre le plus
de difficultés; plaçons d'abord ici le texte de la Vulgate. *Non auferetur ſceptrum de Juda, & dux de fe-
more ejus, donec veniat qui mittendus erit:* mot à mot, le
ſceptre ne ſera point ôté de Juda, & le chef d'entre ſes
jambes, juſques à ce que vienne celui qui ſera envoyé.

לא יסור שבט מיהודה ומחקק מבין
רגליו עד כי יבא שילה ולו יקהת עמים

Non recedet virga de Jehudah, & legislator de pedibus
ejus vſque quo veniat ſchilo. Geneſ. Chap. XXXXIX.
vers 10. *La verge ne ſortira pas de Juda, & le Législateur de ſes pieds, juſques à ce que le Schilo vienne.* Les Septante rendent différemment de la Vulgate le texte
hébreu, & ſurtout le mot de Schilo, ἐκ ἐκλείψει ἄρχων ἐξ Ἰᾶδα, καὶ ἡγούμενος ἐκ τῶν μηρῶν αὐτᾶ, ἕως
ἐὰν ἔλθη τὰ ἀποκείμενα αὐτῷ. *Le Prince ne manquera
pas dans Juda, & le chef dans ſes jambes, juſques à ce
qu'arrivent les choſes qui lui ont été réſervées.* Il y a une
leçon différente ᾧ ἀπόκειται, à la place de τὰ ἀποκείμενα, *ce qui lui a été réſervé,* au lieu *des choſes qui lui ont
été réſervées:* Julien rejette la leçon, ſelon laquelle on
lit, *ce qui lui a été reſervé,* & prétend qu'on à altéré la
véritable, parcequ'on ne la trouvoit pas aſſez favo-
dable au ſens qu'on vouloit lui donner. Quoiqu'il
en ſoit, pourſuivons d'examiner la différence de ce
paſſage dans les différents textes. Caſtillion traduit;

qui a été réservé arrive. [7] Cependant de quel-

que

le Sceptre ne quittera pas Juda, ni le Chef l'entre-deux
de ses cuisses, jusques à ce que le Conservateur arrive.
*A Juda sceptrum non recedet nec de eius interfeminio
rector, donec veniat sospitator.* On lit dans la traduction de Martin: *Le sceptre ne se départira pas de Juda,
ni le Législateur d'entre ses pieds, jusques à ce que le
Schilo vienne.* Cette traduction, à la différence près du
mot *Sceptre* au lieu de *Verge*, est la plus approchante
du texte hébreu; mais c'est aussi celle qui est la moins
claire, parcequ'elle ne donne aucun sens déterminé
au mot *Schilo*, qui fait toute la difficulté de ce passage.
Avant de venir à cette même difficulté, faisons quelques
réflexions, sur celle qu'on tire de la différence du mot
Sceptro, & du mot *Verge*. Les Chrétiens prétendent,
en rendant le terme Hébreu Schebeth, qui proprement veut dire un *bâton*, par celui de Sceptre, prouver
l'arrivée du Messie; Et les Juifs au contraire, qui prennent le mot de bâton pour une verge, & non pas pour
un Sceptre, en tirent un argument pour nier la venue
du Messie; ils traduisent ainsi ce passage, *la verge ne
sera point levée de dessus Juda,* ce qu'ils expliquent des
disgraces de leur nation, & de l'oppression où ils vivent
encore aujourd'hui, & dont ils esperent d'être délivrés
par le Messie.

Venons actuellement au mot *Schilo*. Les Chrétiens
prétendent que par ce mot, dont ils conviennent cependant ne pas savoir la véritable signification, il faut

ἐδὲ γάρ ἐσιν ἐξ Ἰεδα, (πῶς γὰρ ὁ καθ᾽ ὑμᾶς

ἐκ

entendre le Meſſie. Les différens Traducteurs du texte
hébreu, afin de fonder l'autorité de leur traduction
fur quelques raiſons apparentes, ont donc cherché chacun en particulier à déviner l'idée, qu'ils devoient atta-
cher au mot *Schilo*. L'auteur de la Vulgate a traduit.
qui mittendus erit, qui fera envoyé, comme ſi l'on devoit
lire *Schiloah* ou *Schaliah*, ce qui en Hébreu ſignifie *envoyé* & vient du verbe *Schalach envoyer*. Les Septante
rendent ce terme inconnu par ceux-ci, *juſques à ce que
les choſes qui lui ont été réſervées;* & décompoſant les différentes lettres, en changent quelques-unes, & forment le terme *Schilah*. Les Rabins ſont oppoſés entre
eux: quelques-uns veulent que Schiloh ſignifie le *Meſſie,*
les autres diſent qu'il faut lire Schi-lo, c'eſt à dire, *les
préſents qui lui feront offerts*. Quelques ſavans Hébreux
prétendent qu'on doit rendre ainſi tout ce paſſage. *Le
Sceptre ne ſera point ôté juſques à ce que vienne la fin de
Siloh*, c'eſt à dire, *juſques à ce que Siloh ſoit détruit &
dévaſté:* Siloh fut une ville qui exiſta autrefois. Enfin
il y a des Juifs, qui traduiſent ce paſſage comme il eſt
rendu dans la Vulgate, *le Sceptre ne ſera pas ôté de Juda
juſques à ce que celui qui doit être envoyé ſoit arrivé*. Ils
mettent *Nabucodonozor* à la place du *Meſſie,* & diſent
que ce prince fut véritablement envoyé de Dieu, pour
punir les Juifs de leurs péchés, & pour détruire leur
Royaume. Alors, ajoutent ces Rabins, le Roi Zédéchias
ayant été tué, & les Juifs peu de temps après conduits

que maniere que vous lifiez ce paffage, il eft

ma-

en captivité, il n'y eut plus dans la fuite de Rois de la tribu de Juda. Pour répondre à ces Hébreux, les Chrétiens prétendent que l'on ne peut pas dire proprement, que le fceptre ait fini dans la Maifon de Juda, par la deftruction du Royaume de Jérufalem, parcequ'il refta encore quelques membres du Sanhédrin, qui du confentement des Rois de Perfe, conferverent quelques droits fur les Loix & les moeurs des Hébreux. Mais les Rabins répondent que foutenir que l'on peut regarder cela comme la continuation du Sceptre de Juda fur les Juifs, c'eft prétendre que le Sceptre eft encore chez eux aujourd'hui, à Londres & à Amfterdam; parceque leurs Anciens ont le droit, par la permiffion des Anglois & des Hollandois, de régler la Loi & la police civile & domeftique des Juifs. Il femble que le Pere Calmet ait fenti combien il étoit difficile de prouver cette perpétuité du Sceptre dans Juda jufqu'au Meffie: car il a abandonné entierement cette opinion. Voici les propres termes de ce favant & pieux Bénédictin. *Nous n'allons pas chercher la fuite des Princes de Juda dans le Sanhédrin. Nous n'avouons pas que les chefs de cette affemblée aient toujours été de la tribu de Juda; nous ne nions pas que les grands Prêtres n'aient gouverné depuis la captivité jufqu'au tems des Maccabées, & que les Maccabées, fortis de Lévi, n'aient eu le gouvernement jufqu'au tems d'Hérode. On ne doit pas fe mettre en peine de tout cela pour vérifier la prophétie de Ja-*

ἐκ ἐξ Ἰωσήφ, ἀλλ᾽ ἐξ ἁγίε Πνεύματος γε-

γο-

cob; *ni recourir, comme quelques-uns, à dire que les*
Aſmonéens étoient de la Tribu de Juda, au moins par
leurs Meres: il nous ſuffit de montrer dans Juda les
Princes établis, agréés, reconnus par cette Tribu, des
Princes connus ſous le nom de Princes des Juifs, de
même religion que les Juifs, qui attendoient les pro-
meſſes faites par Jacob à Juda, & qui ſe croyoient les
héritiers & les ſucceſſeurs de ce Patriarche.   C'eſt ce que
l'on a vu dans tous ceux qui ont gouverné Juda, depuis le
retour de la captivité, juſqu'à la venue de Jéſus-Chriſt.
„*Commentaire ſur la Geneſe. Chrp. XLIX. Tom. I pag.*
356, p. D. Auguſt. Calmet.   Les Rabins, qui mettent Na-
bucodnozor à la place du Meſſie, répondent à cela qu'il
ne ſuffit pas, pour éclaircir cette prophétie, de montrer
des princes qui ont été reconnus par la Tribu de Juda,
& qui étoient de la religion des Juifs; mais qu'il faut
s'en tenir au véritable ſens de l'Ecriture, qui parle des
Princes nés dans la tribu de Juda.   Or la race des Rois
de la Tribu de Juda ayant fini ſous Nabucodonozor; ce
Roi d'Aſſirie étoit donc celui qui devoit être envoyé, &
ſous lequel le Sceptre ſeroit ôté de Juda.

Pour que les Juifs, ou les Chrétiens puſſent ſe ſervir
de cette Prophétie d'une maniere triomphante, il faudroit que les uns ou les autres euſſent connu la véritable
ſignification du mot *Siloh.*   Mais nous venons de voir
qu'ils l'ignorent.   Il y a dans l'Ecriture un nombre de
mots, qui ſont également inconnus, & qui forment les

manifeſte qu'il n'y a rien-là qui regarde Jéſus,

difficultés qu'on trouve dans les différentes traductions
de la Bible, en ſorte que l'une de ces traductions n'a
aucun rapport à l'autre. Parmi un nombre infini d'exemples, que nous pourrions citer, contentons nous de celui
que nous allons placer ici. מַה תִּתֶּן לִי וְאָנֹכִי הוֹלֵךְ
עֲרִירִי וּבֶן מֶשֶׁק בֵּיתִי הוּא דַמֶּשֶׂק אֱלִיעֶזֶר
Domine Deus quid dabis mihi, & ego vado absque liberis,
& filius procurator domus meæ, iſte Dameſech Elihezer.
Mot à mot, *Seigneur Dieu que me donnerez - vous ? je m'en*
vais ſans enfans, & le fils procureur de ma maiſon ce Da-
meſch Elihezer. Voyons la traduction de ce paſſage par
la Vulgate, nous y trouverons d'abord une différence.
Domine Deus quid dabis mihi? ego vadam absque libe-
ris; & filius procuratoris domus meæ iſte Damaſcus Elie-
zer. Seigneur Dieu que me donnerez - vous ? je m'en
vais ſans enfans, & le fils du procureur de ma Maiſon ce
Damaſcus Eliezer. Remarquons d'abord une grande différence entre la Vulgate & le texte hébreu. Le texte
dit, *ce fils Damaſch qui eſt procureur de ma maiſon, &*
la Vulgate, ce Damaſch fils du procureur de ma maiſon.
S'il s'agiſſoit ici d'une choſe, qui dût conſtater ou une
prophétie ou un miſtere, quel embaras n'y auroit - il pas
à concilier ces différentes textes ? Seroit - ce le fils qui
feroit procureur de la maiſon, ou bien ne feroit - il que
le fils du procureur de la maiſon ? Mais voici bien un
autre embarras ; s'il falloit s'en rapporter aux Septante,
il ne feroit ni le procureur, ni le fils du procureur, ſa

γονώς;) τὸν Ἰωσὴφ γὰρ γενεαλογῦντες εἰς τὸν
Ἰα-

mere s'appelleroit *Mafec* nom inconnu dans les deux
textes précédents, & il feroit fils de la fervante d'Abraham. Confu'tons la verfion des Septantes λίγει δὲ
Αβραμ· δέσποJα κύριε, τι μοι δώσεις; ἰγώ δὲ ἀπολύομαι
ἄτεκνος. ὁ δὲ υἱὸς Μασὲκ τῆς οἰκογενῦς μυ, ἕτος Δαμασ-
κὸς Ἐλιίζερ   Genef. Cap. XV. vers 2. *Domine quid dabis mihi? ego autem dimittor fine liberis, at filius Mafec
vernaculæ meæ hic Damafcus Eliezer.* „Seigneur que me
„donnerez-vous? je fuis renvoyé fans enfans, mais le fils
„de Mafec ma fervante ce Damafcus Eliezer.„ Voilà
une contradiction bien plus évidente que celle qui fe
trouve entre le texte hébreu & celui de la Vulgate.
Les Septante changent le nom de *procureur* en celui de
Mafec, & les mots *de ma maifon* en ceux *de ma fervante*
Quel embarras s'il falloit fonder un article de foi, fur un
texte rendu fi différemment, dans des verfions qui ont
toutes été déclarées autentiques. Celle de la Vulgate eft
la feule aujourhui admife chez les Catholiques. Celle
des Septante eut un fi grand crédit autrefois dans l'E-
glife, que S. Auguftin ne craignit pas de dire: que les
auteurs avoient été infpirés de Dieu dans leur ouvrage.

Gualterius accufe les Septante de n'avoir pas compris ce que fignifie le mot de *Mazec*, d'en avoir fait
un nom propre, & de s'être par là éloigné entierement
du texte Hébreu. ”LXX fignificationem vocis non
„prorfus intellexere, ideoque per nomen proprium
„placuit exponere, fed longius hac ratione a fonte Hé-

fus, & qui puiffe lui convenir: il n'étoit pas
de

bræo difceffum eft. *Collatio præcip. facr. Génef. translat.*
„othone Gualterio, pag. 494.„ Mais S. Chrifoftome a été
d'un autre fentiment que cet habile Miniftre. il a fuivi
les Septante, & il a expliqué ce paffage, dans la paraphrafe qu'il en a faite, comme fi Abraham difoit à
Dieu; je n'ai pas obtenu ce que ma fervante a eu;
Je m'en irai fans poftérité & fans enfans, & le fils
de ma fervante aura mon héritage. *Chryfoftomus fequi-*
tur LXX & Abrahæ mentem ita exponit paraphraftice,
quafi diceret Deo: neque ea fum affequutus, quæ ancilla
mea vernacula; fed ego quidem abeo fine prole, fine
filio; hic autem vernaculus hæreditatem accipiet. ib. apud
Gualter. pag. 493. Si, pour concilier des textes fi
oppofés on confulte Aquilla, il dira qu'il ne s'agit ici
ni du procureur, ni du fils du procureur, ni de l'enfant de la fervante; mais *du fils de celui qui verfe du*
vin & qui donne à boire à la maifon. υἱὸς ποτίζοντος
οἰχίαν μ૪. Ce paffage n'a-t-il pas la même difficulté, que celui du *Siloh.* La véritable & jufte figni-
fication des termes *Siloh & Mafeç* font également inconnus. Comment vouloir établir rien de fixe fur des
mots qui ne nous donnent aucune idée jufte? J'ai
dit, dans mes differtations fur Timée de Locres, qu'il
n'y avoit rien de fi néceffaire dans la religion, qu'un
juge fouverain de la foi, qui fixe & détermine les con-
troverfes que les différents textes de l'Ecriture peuvent occafionner. Je fuis toujours plus convaincu de la

Ἰέδαν ἀναφέρετε, ϰαὶ ἐδὲ τῦτο ἐδυνήθητε πλάσαι ϰαλῶς. Ἐλέγχονται γὰρ Ματθαῖος ϰαὶ Λυϰᾶς περὶ τῆς γενεαλογίας αὐτῦ δια-φωνῦντες πρὸς ἀλλήλυς.

Ἀλλὰ περὶ μὲν τύτυ μέλλοντες ἐν τῷ δευτέρῳ συγγράμματι τὸ ἀληθὲς ἀϰριβῶς ἐξετάζειν, ὑπερτιθέμεθα. συγϰεχωρήδω δὲ ϰαὶ ἄρχων ἐξ Ἰέδα, ὁ Θεὸς ἐϰ Θεῦ ϰατὰ

τὰ

vérité de mon opinion; & je plains les Proteſtans de s'être éloignés de cette doctrine, qui de tout tems a été celle de l'Egliſe catholique, contre laquelle les hé-rétiques ne pourront jamais rien entreprendre, qui ne tourne à la fin à leur préjudice. C'eſt ce qui eſt arrivé déja pluſieurs fois, par la naiſſance des différentes ſectes qui ſe ſont élevées chez les Proteſtans, où l'on voit les Luthériens, les Calviniſtes, les Gomériens, les

de Juda, puisque vous ne voulez pas qu'il ſoit né de Joſeph ; vous ſoutenez qu'il a été engendré par le ſaint Eſprit. Quant à Joſeph, vous tâchez de le faire deſcendre de Juda, mais vous n'avez pas eu aſſez d'adreſſe pour y parvenir, & l'on reproche avec raiſon à Matthieu & à Luc d'être oppoſé l'un à l'autre dans la généalogie de Joſeph.

Nous examinerons la vérité de cette généalogie dans un autre Livre, & nous reviendrons actuellement au fait principal. Suppoſons donc que Jéſus ſoit un prince ſorti de Juda, il ne ſera pas *un Dieu venu Dieu*, comme vous le dites, ni toutes les choſes n'ont

pas

Arméniens combattre entré eux pour des opinions, qu'ils prétendent tous avoir puiſées dans la Bible. Combien, dans la ſuite des tems, ne naîtra-t-il pas d'autres ſectes ? celle des Arriens s'eſt déja renouvellée en Angleterre ; les Anabaptiſtes ont enfanté les Quackers. Dans toutes les différentes communions on ne parle que des Ecritures ; on les lit, on les médite, on croit les entendre clairement, & l'on diſpute ſans ceſſe.

τὰ παῤ ὑμῶν λεγόμενα, ἐδὲ τὰ πάντα δί αὐτῦ ἐγένετο, καὶ χωρὶς αὐτῦ ἐγένετο ἐδὲ ἕν. ἀλλ' εἴρηται καὶ ἐν τοῖς Ἀριθμοῖς· ἀνατελεῖ ἄστρον ἐξ Ἰακὼβ, καὶ ἄνθρωπος ἐξ Ἰσραήλ· τῦθ' ὅτι τῷ Δαβὶδ προσήκει, καὶ τοῖς ἀπ' ἐκείνε, προόδηλόν ἐσί πε. τῦ γὰρ Ἰεσσαὶ παῖς ἦν ὁ Δαβίδ. Εἴπερ ἓν ἐκ τύτων ἐπιχειρεῖτε συμβιβάζειν, ἐπιδείξατε, μίαν ἐκεῖθεν ἑλκύσαντες ῥῆσιν, ὅποι ἐγὼ πολλὰς πάνυ. ὅτι δὲ Θεὸν τὸν ἕνα τὸν τῦ Ἰσραὴλ νενόμικεν, ἐν τῷ Δευτερονομίῳ φησίν· ὥςε εἰδέναι σε ὅτι κύριος

---

8 Num. cap. 24, 17.

pas été faites par lui, *& rien n'aura été fait sans lui.* Vous repliquerez, qu'il est dit dans le livre des Nombres, [8] *il se levera une étoile de Jacob & un homme d'Israel.* Il est évident que cela concerne David & ses successeurs, car David étoit fils de Jessé. Si cependant vous croyez pouvoir tirer quelque avantage de ces deux mots, je consens que vous le fassiez; mais pour un passage obscur, que vous m'opposerez, j'en ai un grand nombre de clairs que je vous citerai, qui montrent que Moïse n'a jamais parlé que d'un seul & unique Dieu; du Dieu d'Israel. [9] Il dit dans le Deuteronome: *Afin que tu saches, que le Seigneur ton Dieu est seul & unique, & qu'il n'y en a point d'autre que lui,* & peu après, *sache donc & rappelle dans ton esprit que le Seigneur ton Dieu est au Ciel & sur la terre, & qu'il n'y en a point d'autre que lui ..... Entends, Israel, le* Seig.

---

[9] Deut. cap. 5. Deut. cap. 6.

ριος ὁ Θεός σȣ, ȣτος εἷς ἐςὶ, καὶ ȣκ ἔςιν

ἄλλος πλὴν αὐτȣ̃. καὶ ἔτι πρὸς τȣ́τῳ καὶ

ἐπιςραφήσεται τῇ διανοίᾳ σȣ, ὅτι κύριος ὁ

Θεός σȣ ȣτος, Θεὸς ἐν τῷ ȣ̓ρανῷ ἄνω, καὶ ἐπὶ

τῆς γῆς κάτω, καὶ ȣκ ἔςι πλὴν αὐτȣ̃. καὶ

πάλιν· ἄκȣε Ἰσραὴλ, κύριος ὁ Θεὸς ἡμῶν κύ-

ριος εἷς ἐςί. καὶ πάλιν· ἴδετε ὅτι ἐγώ εἰμι,

καὶ ȣκ ἔςι Θεὸς πλὴν ἐμȣ̃· ταῦτα μὲν ȣ̃ν ὁ

Μωσῆς ἕνα διατεινόμενος μόνον ἐι̃ναι Θεόν.

Ἀλλ' ἤτοι τυχὸν ἐρȣ̃σι ȣ̓δὲ ἡμεῖς δύο λέγομεν,

ȣ̓δὲ τρεῖς· ἐγὼ δὲ λέγοντας μὲν αὐτȣ̀ς καὶ

τȣ̃το

Seigneur notre Dieu, il eſt le ſeul Dieu. . . . .
Enfin Moïſe faiſant parler le Dieu des Juifs,
lui fait dire: *Voyez qui je ſuis, il n'y a point
d'autre Dieu que moi.* Voilà des preuves de
l'évidence la plus claire, que Moïſe ne re-
connut & n'admit jamais d'autre Dieu que le
Dieu d'Iſrael, le Dieu unique. Les Galiléens
répondront peut être qu'ils n'en admettent
ni deux ni trois; mais je les forcerai de convenir du contraire, par l'autorité de Jean dont
je rapporterai le témoignage: [10] *au commencement étoit le verbe, & le verbe étoit chez Dieu,
& Dieu étoit le verbe.* Remarquez qu'il eſt
dit, que celui qui a été engendré de Marie
étoit en Dieu: or ſoit que ce ſoit un autre
Dieu (car il n'eſt pas néceſſaire que j'examine
à prèſent l'opinion de Photin: je vous laiſſe,
O Galiléens, à terminer les diſputes qui ſont
entre vous à ce ſujet) il s'en ſuivra toujours,

que

[10] Evang. Johann. cap. 1.

τῦτο δείξω, μαρτυρόμενος Ἰωάννην λέγοντα·

ἐν ἀρχῇ ἦν ὁ λόγος, καὶ ὁ λόγος ἦν πρὸς τὸν

Θεὸν, καὶ Θεὸς ἦν ὁ λόγος. Ὁρᾷς ὅτι πρὸς

τὸν Θεὸν εἶναι λέγεται εἴτε ὁ ἐκ Μαρίας

γεννηθεὶς, εἴτε ἄλλός τίς ἐσιν, ἵν᾽ ὁμῦ καὶ πρὸς

Φω-

ᵘ Efaie cap. VII. v. 14. 15. *Propter hoc dabit Domi-nus ipfe vobis fignum. Ecce Virgo concipiet, & pariet filium, & vocabitur nomen ejus Emmanuel. Butirum & miel comedet, ut fciat reprobare malum, & eligere bonum.* „C'eſt pourquoi le Seigneur lui - même vous donnera „un figne: voici une Vierge fere enceinte, & elle enfan-„tera un fils, & appellera fon nom Emanuel; Il man-„gera du beurre & du miel, jufqu'à ce qu'il fache rejet-„ter le mal & choifir le bien.„ Le premier verfet a été regardé comme défignant & prédifant le miſtere de l'incarnation; mais le fecond n'a pas été expliqué, & l'on ne fait ce que fignifie la nourtiture de beurre & de miel.

Il y a dans l'Ecriture plufieurs fortes de nourritures dont on a peine à comprendre la caufe. On ne fait guere pourquoi Dieu ordonna au Prophéte Ezéchiel de man-ger les alimens qu'il prendroit, cuits avec *de la fiente*

que puisque ce verbe a été avec Dieu, & qu'il
y a été dès le commencement, c'est un second
Dieu qui lui est égal. Je n'ai pas besoin
de citer d'autre témoignage de votre croyance,
que celui de Jean. Comment donc vos sentiments peuvent-ils s'accorder avec ceux de
Moïse? Vous répliquerez qu'ils sont conformes aux Ecrits d'Esaïe, qui dit; *Voici une
vier-*

fortie de l'homme; lorsque ce Prophete prie Dieu de
l'exempter d'une pareille nourriture, puisqu'il s'est toujours abstenu des viandes défendues, Dieu lui permet
alors de prendre de la fiente de boeuf à la place de
celle des hommes. Plaçons ici les paroles du Prophete.
„Tu mangeras aussi des gâteaux d'orge, & tu les cuiras
„avec de la fiente sortie de l'homme, eux le voyant.
„Et je dis: ah! ah! Seigneur Eternel, voici, mon ame
„n'a point été souillée, & je n'ai mangé d'aucune bête
„morte d'elle même, ou déchirée par des bêtes sauva-
„ges, depuis ma jeunesse jusqu' à présent; & aucune
„chair impure n'est entrée dans ma bouche. & il me
„répondit, Voici, je t'ai donné la fiente des boeufs,
„au lieu de la fiente de l'homme, & tu feras cuire ton
„pain avec cette fiente.„ Καὶ ἐγκρυφίας κριθίνοι φάγεσαι
αὐτά, ἐν βολβίτοις κόπρα ἀνθρωπίνης ἐγκρύψεις
αὐτά κατ' ὀφθαλμὸς αὐτῶν· καὶ εἶπα, Μηδαμῶς

Φωτεινὸν ἀποκρίνωμαι, διαφέρει τᴜτο νῦν ᴜδὲν, ἀφίημι δῆτα τὴν μάχην ὑμῖν· ὅτι μέντοι φησὶ πρὸς

κύρι Θᴜ Ἰσραὴλ· εἰ ἡ ψυχή μᴜ ᴜ μεμίανται ἐν ἀκαθαρσία, καὶ θνησιμαῖον καὶ θηριάλωτον ᴜ βέβρωκα ἀπὸ γενέσιώς μᴜ ἕως τᴜ νῦν, ᴜδὲ εἰσελήλυθεν εἰς τὸ στόμα μᴜ πᾶν κρέας ἕωλον. Ezéchiel. cap. IV. vers 12. v. 14. traduction des Septante. *Et quasi subcinericium hordeaceum comedes illud: & stercore quod egreditur de homine, operies illud in oculis eorum, & dixi, Ah, ah domine deus, ecce anima mea non est polluta, & morticinium, & laceratum a bestiis, non comedi ab infantia mea usque nunc, & non est ingressa in os meum omnis caro immunda.* Ezéchiel. cap. IV. vers 12. & 14. Καὶ εἶπε πρός μᴜ Ἰδοὺ, δέδωκά σοι βόλβιτα βοῶν ἀντὶ τῶν βολβίτων τῶν ἀνθρωπίνων καὶ ποιήσεις τᴜς ἄρτᴜς σᴜ ἐπ᾽ αὐτῶν. *& dixit ad me: ecce tibi dedi fimum boum pro stercoribus humanis, & facies panem tuum in eo. Id. ib. vers 15.* traduction de la Vulgate.

Ceux, qui veulent expliquer la cause d'une nourriture aussi singuliere, prétendent que le Prophete veut signifier par elle la famine du siege de Jérusalem. C'est le sentiment de Sebastianus Munsterus, dans les notes qu'il a faites sur la traduction latine qu'il a jointe à la Bible hébraïque qu'il a publiée, *Et quod subditur de frumento, hordeo &c. simul commistis, significatur fames magna, quam obsessi passuri erant, ut etiam panem conficerent ex speciebus frumenti quæ ad hoc apta non*

vierge dont la matrice est remplie, & elle aura un fils. Je veux suppofer que cela a été

erant, ut sunt lentes & fabæ. „Bibl. héb. & lat. cum „notis Sebaft. Munfteri. Tom. II. pag. 968.„

Ce que dit ici Munfterus, paroît évidemment démenti par le texte de l'Ecriture : car Dieu diftingue expreffément la nourriture du Prophete, de celle des Juifs ; & après lui avoir directement ordonné de manger des gâteaux cuits avec de la fiente d'homme, Dieu parle fans allégorie des maux que foufriront les Juifs. „L'Eter„nel dit: les enfans d'Ifraël mangeront auffi leur pain „fouillé, parmi les nations vers les quelles je les chaffe„rai.„ Καὶ ἐρεῖς· τάδε λέγει κύριος ὁ Θεὸς τῷ Ἰσραήλ, οὗτως Φάγονται οἱ υἱοὶ τῷ Ἰσραὴλ ἀκάθαρτα ἐν τοῖς ἔθνεσι· id. ib. vers 13. *& dixit dominus fic comedent filii Ifrael panem fuum pollutum inter gentes ad quas eiiciam eos. id. ib. vers 13.* je me fers encore de la traduction des Septante & de celle de la Vulgate. Cela eft clair & n'a pas befoin, pour l'expliquer, qu'on prenne allégoriquement la nourriture d'Ezéchiel. Dieu confent même que le Propehte change, pour fa perfonne, la fiente de l'homme en fiante de boeuf, fur les repréfentations qu'il lui fait ; ce qui acheve d'ôter toute allégorie entre la nourriture des Ifraélites & celle du Prophete. D'ailleurs il n'eft permis de chercher des fens allégoriques, que lorfque ceux qui fe préfentent font obfcurs : celui dont il s'agit dans ce paffage n'a aucune obfcurité. Mais di-

D 2

πρὸς Θεὸν, κỳ ἐν ἀρχῇ, τῦτο ἀπόχρη μαρ-
τύρασθαι. πῶς ἒν ὁμολογεῖ ταῦτα τοῖς Μωσέως;

fent ceux qui ne veulent pas s'en tenir au fens littéral,
il eft extraordinaire que Dieu ait ordonné une pareille
nourriture à un Prophete. Je conviens que cela le paroît d'abord, mais eft-ce aux hommes à vouloir pénétrer
les fecrets de la volonté divine? Dieu n'eût-il pas pu
rendre la vue dans un inftant à Tobie? cependant il en-
voie un Ange pour enfeigner à fon fils à prendre un poiffon, & à fe fervir du fiel pour guérir fon Pere. Le cœur
& le foie du même poiffon chaffoient le Diable. „Et
„alors Tobie dit à l'Ange: Azaria, mon frere, dequoi
„fert le cœur, le foie, & le fiel du poiffon? Et il lui
„dit: quant au cœur & au foie, fi le Diable ou un
„efprit malin trouble quelqu'un, foit homme, foit fem-
„me, il en faut faire un parfum devant lui, & il n'en
„fera plus troublé. Pour le fiel, fi on en graiffe les
„yeux d'un homme, qui ait des tayes aux yeux, il fera
„guéri.„ Καὶ ἔπε τὸ παιδάριον τῷ ἀγγέλῳ, Ἀζαρία
ἀδελφὶ, τί ἐστιν ἡ καρδία κỳ τὸ ἦπαρ, κỳ ἡ χολὴ τῦ
ἰχθύος, κỳ εἶπεν αὐτῷ· ἡ καρδία κỳ τὸ ἦπαρ, ἐάν τίνα
ἐνοχλῇ δαιμόνιον ἢ πνεῦμα πονηρὸν, ταῦτα δεῖ καπνίσαι
ἐνώπιον ἀνθρώπε ἢ γυναικὸς, κỳ μηκέτι ὀχληθῇ ἡ δὲ
χολὴ ἐγχρίσαι ἄνθρωπον ὃς ἔχει λευκώματα ἐν τοῖς ὀφθαλ-
μοῖς κỳ ἰαθήσεται. Tob. cap. VI. vers 6. 7. 8. 9. traduction
des Septante. *Tobia angelum fic interrogat: Azaria frater quam medicinam facies ex corde pifcis & felle?*

été dit par l'inspiration divine, quoiqu'il ne soit rien de moins véritable; cela ne con-

vien-

cui ille, cor valet, inquit, ad suffitum faciendum homini in quo malus sit aut dæmoniacus spiritus, ita enim fugatur ex homine; sel autem prodest si eo unguantur hominis oculi in quibus sit albugo, eamque sanabit. id. ib. Il est donc contre les regles de la ſonne critique, dans l'explication de l'Ecriture de recourir à des sens allégoriques, parceque l'on ne connoît pas pourquoi Dieu a ordonné certaines choses qui nous paroissent contraires à notre maniere de penser: Dieu a voulu qu'elles fussent faites, parceque telle étoit sa volonté, qui est toujours souverainement juste & souverainement éclairée. Ainsi lorsqu'on lit dans les Ecritures, une chose qui nous paroît être un péché contre les loix ordinaires; il faut bien se garder de croire que c'en soit un, si cette chose a été ordonnée par Dieu. C'est ce que remarque sagement Sebastianus Munsterus, dans ses notes sur le passage où Osée parle de ce qui lui avoit été ordonné par Dieu. Ecoutons ce Prophete. „Au commencement que l'Eternel parla par Osée, l'E-„ternel dit à Osée: va, prends toi une femme débauchée, „& aies d'elle des enfans illégitimes, puisque ce pays „ayant oublié l'Eternel, commet des adulteres. Il s'en „alla donc, & prit Gomer, fille de Diblajim, la quelle „conçut & lui enfanta un fils.„ Ἀρχὴ λόγȣ ἐν Ὡσή. ϗ εἶπε κύριος Ὡσή, Βάδιζε, λαβὲ σεαυτῷ γυναῖκα πορνείας, ϗ τέκνα πορνείας, διότι ἐκπορνεύȣσα ἐκπορνεύ-

σέως; ἀλλὰ τοῖς Ἡσαΐβ φησὶν ὁμολογεῖ. λέγει
γὰρ Ἡσαΐας· ἰδὲ ἡ παρθένος ἐν γαςρὶ ἕξει,
καὶ

σει ἡ γῆ ἀπὸ ὄπισθεν τῦ κυρίᾳ. Καὶ ἐπορεύθη, καὶ ἔλαβε
τὴν Γόμεϱ, Θυγατέϱα Δεβηλαιμ. Καὶ σϰνέλαβε καὶ ἔτε-
κεν αὐτῷ υἱόν. Hoſ. cap. I. vers 2. & 3. traduction des
Septante: *Principium loquendi domino in Oſée, & dixit
dominus ad Oſée: vade, ſume tibi uxorem fornicationum
& fac ſibi filios fornicationum: quia fornicabitur terra a domino, & abiit & accepit Gomer filiam Debelaim
& concepit, & peperit ei filium.* Id. ib. je me ſers de la
traduction de la Vulgate. A ce premier péché mortel,
qui ſemble bleſſer l'ordre, le Prophete en joint encore
un ſecond, en apparence plus grave. Voici les paroles
d'Oſée. „Après cela l'Eternel me dit: Va encore aimer
„une femme, qui ait un autre galant, & qui ſoit adultere.
„L'Eternel aime bien les Iſraélites qui regardent à d'au-
„tres Dieux, & aiment les flacons de vin. Je m'acquis
„donc cette femme là pour quinze pieces d'argent, &
„un homer & demi d'orge; Et je lui dis: tu demeure-
„ras avec moi pendant pluſieurs jours; tu ne t'aban-
„donneras plus, & tu ne ſeras à aucun mari; & auſſi
„je te ferai fidele. Καὶ εἶπε κύριος πρός με, ἔτι πορεύ-
θητι, καὶ ἀγάπησον γυναῖκα ἀγαπῶσαν πονηρὰ, καὶ
μοιχαλίδα, καθῶς ἀγαπᾷ ὁ Θεὸς τὰς υἱὰς Ἰσραὴλ, καὶ
αὐτοὶ ἐπιβλέπϰσιν ἐπὶ θεὰς ἀλλοτρίας, καὶ φιλοῦσι πεμ-
ματα μετὰ σταφίδος, καὶ ἐμισθωσάμην ἐμαυτῷ πιν-
τεκαιδεκα ἀργυρίϰ, καὶ γομὸϱ κριθῶν, καὶ νέβελ οἴνϰ

viendra pas cependant à Marie : on ne peut regarder comme Vierge, & appeller de ce

ϰỳ εἶπα πρὸς αὐτὴν, ἡμέρας πολλὰς ϰαθήσῃ ἐπ᾽ ἐμοι, ϰỳ ἃ μὴ πορνεύσῃς, ἐδέ μὴ γένῃ ἀνδρὶ, ϰỳ ἐγὼ ἐπὶ σοί. Ofée C. 3. v. 1. 2. 3. *Et dixit dominus ad me adhuc vade, & dilige mulierem dilectam amicis & adulteram ; ficut diligit dominus filios Ifrael, & ipfi refpiciunt ad deos alienos, & diligunt vinacia uvarum. & feci eam mihi quindecim argenteis, & coro hordei, & dimidio coro vini, & dixi ad eam, dies multos expectabis me, non fornicaberis, & non eris viro, fed & ego fpectabo te.* Ofée cap. 3. v. 1. 2. & 3. je me fers toujours de la traduction de la Vulgate.

Ce paffage eft fi clair qu'il femble n'admettre aucun fens allégorique : cependant quelques Rabins ont prétendu, qu'il fignifioit le culte que les Juifs avoient rendu à des Dieux étrangers. Mais comment ce que dit le Prophete, peut-il être pris dans un fens figuré, puisqu'il parle clairement des fautes des Juifs, & qu'il établit l'ordre de prendre ces deux différentes femmes, fur la conformité qu'il doit avoir avec les Juifs. Il n'y a rien dans tout cela de Prophétique : tout eft clair, & fi fimplement expliqué, que dès qu'on veut ne pas le recevoir dans le fens naturel, il n'eft aucun endroit de l'Ecriture, quelque fimple qu'il foit, qu'on ne puiffe tourner en allégorie ; ce qui rend la Bible un Livre inintelligible, & qui peut être expliqué felon le fens que lui veulent donner ceux qui l'interpretent à leur fantaifie. Seba-

καὶ τέξεται υἱόν. ἔςω δὴ καὶ τῦτο λεγόμενον
ὑπὲρ Θεῦ, καὶ τοι μηδαμῶς εἰρημένον. ὃ γὰρ
ἦν

stianus Munsterus a senti cette vérité; & quoiqu'il ait penché en faveur de ceux qui admettent une explication allégorique, il remarque que si le Prophete a agi ainsi qu'il le dit, il n'a pas cependant péché. Il étoit dans le cas des Juifs, qui volerent par l'ordre de Dieu les vases d'or & d'argent qu'ils avoient empruntés des Egyptiens. Fxod. Cap. XII. v. 35. 36. On peut encore comparer l'obéissance d'Osée, dit Munsterus, prenant une femme adultere, à Abraham voulant tuer son fils. L'un prenoit une concubine sans esprit de libertinage, & l'autre vouloit tuer son fils sans cruauté. „Etiamsi propheta non peccasset, si ita gestum fuisset, „& scortum duxisset, cum deo præcipienti paruisset, sicut „nec Israel de furto in Ægypto accusatur, neque Abraham „de homicidio filii, quia aberat illis mens sanguinaria, „avara & impura. Bibl. hebr. latin. cum not. Seb. Mun- „steri Tom. II. pag. 1061. Osée cap. I.„

12 Avoit couché avec son mari avant d'accoucher, *καὶ πρὶν ἀποκυῆσαι συγκαταχλιθῖσα τῷ γείματτι.* Julien dit ici un mensonge très aisé à détruire: car Marie n'avoit jamais couché avec son mari lorsqu' elle enfanta. Le mistere de l'Incarnation fut opéré avant le mariage de la Vierge, & S. Joseph ne s'en apperçut qu' après que Marie fût devenue sa femme. Cet endroit est si clair dans l'Ecriture, que Julien, qui la connoissoit

ce nom, celle qui étoit mariée, & qui avant que d'enfanter, 12 avoit couché avec son mari.

parfaitement, n'a pu ignorer qu'il en altéroit le Texte. Plaçons le ici. „Or la naiſſance de Jéſus-Chriſt arriva „en cette maniere: Marie ſa Mere ayant été fiancée à „Joſeph, avant qu'ils fuſſent enſémble, elle ſe trouva en-„ceinte du S. Eſprit. Joſeph ſon Mari, parcequ'il étoit „juſte, & qu'il ne voᵘloit point la diffamer, la voulut „renvoyer ſecretement; mais comme il penſoit à ces „choſes, voici l'Ange du Seigneur lui apparut dans un „ſonge, & lui dit; Joſeph fils de David, ne crains point „de recevoir Marie ta femme; car ce qui a été conçu „en elle eſt du S. Eſprit.„ Τοῦ δὲ Ἰησῦ Χριστοῦ ἡ γέννησις οὕτως ἦν, μνηστευθείσης γὰρ τῆς μητρὸς αὐτοῦ Μαρίας τῷ Ἰωσὴφ πρὶν ἢ συνελθεῖν αὐτοὺς εὑρέθη ἐν γαστρὶ ἔχουσα ἐκ πνεύματος ἁγίου. *At Jeſu Chriſti generatio ſic erat: Deſponſata enim matre ejus Maria Joſepho, ante convenire ipſos, inventa eſt in utero habens de ſpiritu ſancto. Joſeph autem vir ejus juſtus exiſtens, & non volens eam exemplum facere, voluit occulte dimittere eam. Hæc autem eo cogitante, ecce Angelus Domini per ſomnium apparuit ei, dicens, Joſeph fili David, ne timeas accipere Mariam conjugem tuam, nam in ea genitum, de ſpiritu eſt ſancto.* Evang. ſecundum Matth. Cap. I. v. 18. 19. 20. il eſt donc évident, par l'Ecriture, que Joſeph ne connut point Marie, avant qu'elle eût enfanté, & que Julien a avancé ce fait ſans aucun fondement: Mais s'il eſt

ἦν παρθένος ἡ γεγαμημένη, καὶ πρὶν ἀποκυῆσαι συγκατακλιθεῖσα τῷ γείμαντι. δεδόσθω
δὲ

certain par l'Ecriture, que Joſeph ne coucha point avec
la Vierge avant fon accouchement; il paroît auſſi clair
par cette même Ecriture qu'il la connut après, & qu'elle
en eut des enfans. Cependant tous les Théologiens
Catholiques, & la pluspart des Proteſtans condamnent
ce ſentiment, quoiqu'il ſemble clairement établi par
l'Ecriture. Voici ce que dit S. Mathieu: „Joſeph étant
„donc réveillé de fon ſommeil, fit comme l'Ange du
„Seigneur lui avoit commandé, reçut ſa femme, & ne la
„connut point jusqu'à ce qu'elle eût enfanté fon premier
„né. Et il appella fon nom Jéſus.„ Διεγερθεὶς δὲ ὁ Ἰωσὴφ
ἀπὸ τοῦ ὕπνου, ἐποίησεν ὡς προσέταξεν αὐτῷ ὁ ἄγγελος
Κυρίου, καὶ παρέλαβε τὴν γυναῖκα αὐτοῦ, Καὶ οὐκ ἐγίνωσκεν αὐτὴν ἕως οὗ ἔτεκε τὸ υἱὸν αὐτῆς τὸν πρωτότοκον·
καὶ ἐκάλεσε τὸ ὄνομα αὐτοῦ Ἰησοῦν. Evang. Mat. cap. I.
vers 24. & 25. Toutes les Traductions rendent fidele-
ment le texte Grec, même celle de la Vulgate. „Exſur-
„gens autem Joſeph a ſomno fecit ſicut præcepit ei Ange-
„lus Domini, & accepit conjugem ſuam. Et non co-
„gnoſcebat eam donec peperit filium ſuum primogenitum: & vocavit nomen ejus Jéſum.„ Evangel. ſecund.
Matth. cap. I. v. 24. 25. Voici la traduction de Caſtillion.
*Nec eam cognovit donec ea peperit filium ſuum primo-
genitum, quem Jéſum nomine vocavit.* Le texte Grec
exprime encore plus que les traductions: car au lieu de

mari. Paſſons plus avant, & convenons que les paroles d'Eſaïe regardent Marie.

Il

il ne la connut point, il y a οὐκ ἐγίνωσκεν *& il ne la con-noiſſoit pas.* Enfin de quelque façon qu'on traduiſe le texte Grec, il eſt certain que S. Matthieu non ſeulement ne ſe contente pas de dire le tems où S. Joſeph ne connut pas la Vierge ; mais il détermine ce tems, qui dura pendant ſa groſſeſſe. *Et non cognoſcebat eam donec peperit filium primogenitum.* „Et il ne la connoiſ-„ſoit pas jusques à ce qu'elle eût accouché de ſon premier né.„ Si S. Joſeph n'eût jamais connu Marie, qui doute que S. Matthieu n'eût dit, & il ne la connut plus. Mais au contraire, il dit, il ne la connut pas jusques à ce qu'elle eût accouché de ſon premier né. Il fixe, par la façon dont il s'énonce, le tems précis où Joſeph connut ſa femme. Il eſt même apparent qu'il en eût des enfans, puisque S. Matthieu appelle Jéſus, l'Enfant premier né de la Vierge, *donec peperit filium primoge-nitum,* jusques à ce qu'elle eût enfanté ſon premier né. Si Marie n'avoit eu qu'un ſeul enfant, S. Mathieu auroit dit, jusques à ce qu'elle eût accouché de ſon fils unique. Pourquoi dire *le prémier né,* qui ſuppoſe na-turellement un ſecond enfant ? Peut-on, dans quelque langue ce ſoit, appeller un premier né, un fils uni-que ? Surement un fils unique eſt le premier né, mais il eſt auſſi le dernier. Ainſi, cette dénomination non ſeulement eſt inutile, mais elle dit tout le contraire de

δὲ λέγεϑαι περὶ τότȣ. μήτι Θεόν φησιν ἐκ

τῆς παρϑένȣ τεχϑήσεϑαι; θεοτόκον δὲ ὑμεῖς ȣ̓

πά-

ce qu'on voudroit lui faire fignifier. Ajoutons que St.
Luc appelle auffi Jéfus l'Enfant premier né de Marie.
„Et il arriva, que comme ils étoient là, fon terme pour
„accoucher fut accompli: & elle mit au monde fon fils
„premier né.„ Qui peut fe figurer que les Evangéliftes
n'ont pas connu la différence qu'il y a entre un fils unique & un fils premier né? ἐγένετο ἐν τῷ εἶναι αὐτοὺς
ἐκεῖ ἐπλήσϑησαν αἱ ἡμέραι τοῦ τεκεῖν αὐτήν. Καὶ
ἔτεκε τὸν υἱὸν αὐτῆς τὸν πρωτότοκον. *Factum eft autem in effe eos ibi, impleti funt dies parere ipfam. Et
peperit filium fuum primogenitum.* „Evang. fecund. Luc.
„Cap. II. vers 6. 7.„ Qui peut croire que ces mêmes
Evangéliftes ont dit, que Jofeph ne connut pas Marie
jufqu'à ce qu'elle eût fait fon premier né, pour dire
que Jofeph ne connut jamais Marie. S. Jean donne une
nouvelle force à ce que difent S. Matthieu & S. Luc.
car cet Evangélifte fait plufieurs fois mention des freres de Jéfus, en parlant de Marie fa Mere, qui fe trouvoit avec eux aux nôces de Canaan. „Après cela *dit*
„*S. Jean*, il defcendit à Capernaum avec fa Mere, fes
„freres, & fes Difciples: mais ils y demeurerent peu
„de jours.„ Μετὰ ταῦτα κατέβη εἰς Καπερναοὺμ, αὐτὸς,
καὶ ἡ μήτηρ αὐτοῦ, καὶ οἱ ἀδελφοὶ αὐτοῦ, καὶ οἱ
μαϑηταὶ αὐτοῦ καὶ ἐκεῖ ἔμειναν οὐ πολλὰς ἡμέρας.

Il s'eſt bien gardé de dire que cette Vierge accoucheroit d'un Dieu : mais vous, Galiléens, vous ne ceſſez de donner à Marie le nom

Poſt hoc deſcendit in Capernaum, & ipſe & Mater ejus, & fratres ejus, & diſcipuli ejus ibi manſerunt non multis diebus. „*Evang. Secund. Johan. Cap. II. v. 12.*„ Les termes Grecs ſont ſi clairs, qu'ils ôtent tout pretexte à des explications recherchées & détournées : *ἡ μήτηρ αὐτοῦ καὶ ἀδελφοὶ αὐτοῦ.* mot à mot, *avec la Mere de lui, avec les freres de lui.* Il faut encore remarquer qu'on ne ſauroit ici confondre les freres de Jéſus avec ſes Diſciples ; car ils ſont expreſſément diſtingués les uns des autres par S. Jean. *οἱ ἀδελφοὶ αὐτοῦ καὶ οἱ μαθηταὶ αὐτῦ* ſes freres & ſes Diſciples : mot à mot, *les freres de lui & les diſciples de lui, fratres ejus & diſcipuli ejus.* Il ne ſeroit pas vraiſemblable de dire, que par le terme de freres, S. Jean a entendu non pas les diſciples, mais les autres perſonnes qui croyoient en Jéſus. Car S. Jean, parlant encore dans un autre endroit, des freres de Jéſus Chriſt, & dans une occaſion beaucoup poſtérieure à celle-ci, remarque que les freres de Jéſus Chriſt ne croyoient pas en lui. Ecoutons parler S. Jean. „*Or* „*la fête des tabernacles approchoit, & ſes freres lui dirent ;* „*pars d'ici, & t'en va en Judée, afin que tes Diſciples con-* „*templent tes Oeuvres ; car on ne fait rien en ſecret lorſqu'on* „*cherche à agir franchement. Si tu fais donc ces choſes,* „*montres toi au monde. Car ſes freres ne croyoient point*

πάνεϑε Μαρίαν καλᾶντες. ἢ μή πȣ φησι

τὸν ἐκ τῆς Παρϑέιȣ γεννώμενον Τίὸν Θεȣ μο-

νογε-

„εν lui.„ Ἦν δὲ ἐγγὺς ἡ ἑορτὴ τῶν Ιȣδαίων ἡ σκηνοπη-
γία. εἶπον οὖν πρὸς αὐτόν οἱ ἀδελφοὶ αὐτοῦ, Μεϑάβηϑι
ἐντεῦϑεν, καὶ ὕπαγε εἰς τὴν Ἰουδαίαν, ἵνα καὶ οἱ μαϑηταὶ
σου θεωρήσωσι τὰ ἔργα σου ἃ ποιεῖς; οὐδεὶς γὰρ ἐν
κρυπτῷ τὶ ποιεῖ καὶ ζητεῖ αὐτὸς ἐν παρρησία εἶναι, εἰ
ταῦτα ποιεῖς, φανέρωσον σεαυτὸν τῷ κόσμῳ οὐδὲ
γὰρ οἱ ἀδελφοὶ αὐτοῦ ἐπίστευον εἰς αὐτόν· *Erat autem
prope feſtum judæorum Scenopegia: dixerunt igitur ad
eum fratres ejus: tranſi hinc, & vade in Judæam, ut
& diſcipuli tui videant opera tua quæ facis. Nemo quippe
in occulto quid facit, & quærit ipſe in manifeſto eſſe; ſi
hæc facis manifeſta te ipſum mundo; neque enim fratres
ejus credebant in ipſum.* Evang. ſecund. Johan. Cap. VII.
v. 2. 3. 4. 5. Remarquons, qu'il eſt auſſi impoſſible d'attribuer aux Apôtres, la ſignification du mot de freres,
qu'aux diſciples. S. Jean nous apprend, cinq verſets
avant ceux que je viens de citer, que les Apôtres
croyoient en Jéſus Chriſt. „Jéſus dit aux douze. Et
„vous, ne voulez-vous pas vous en aller auſſi? Mais
„Simon Pierre lui répondit: Seigneur auprès de qui
„nous en irions-nous? Tu as les paroles de la vie éter-
„nelle, & nous avons connu que tu es le Chriſt, le fils
„du Dieu vivant.„ Εἶπεν οὖν ὁ Ἰησοῦς τοῖς δώδεκα. μὴ
καὶ ὑμεῖς θέλετε ὑπάγειν; ἀπεκρίϑη οὖν αὐτῷ Σίμων

nom de Mere de Dieu. Eſt-ce qu'Eſaïe
a écrit que celui qui naîtroit de cette Vierge
feroit *le fils unique engendré de Dieu, & le*

pre-

Πέτρος, Κύριε πρὸς τίνα ἀπελευσόμεθα; ῥήματα ζωῆς
αἰωνίου ἔχεις· καὶ ἡμεῖς πεπιστεύκαμεν, καὶ ἐγνώκαμεν
ὅτι σὺ εἶ ὁ Χριστὸς ὁ υἱος τοῦ θεοῦ τοῦ ζῶντος· *Dixit
ergo Jeſus duodecim: numquid & vos vultis abire?
reſpondit ergo ei Simon Petrus: domine ad quem ibi-
mus, verba vitæ æternæ habes, & nos credidimus, &
cognovimus quia tu es Chriſtus filius Dei viventis.*
Evang. ſecund Johann. Cap. VI. vers 67. 68. 69. Il eſt
donc évident qu'en parlant des freres de Jéſus Chriſt,
S. Jean n'a pas entendu parler ni de ſes Apôtres, ni
de ſes diſciples, ni de ceux qui croyoient en lui: & qui
peut douter, s'il eût parlé de quelques autres parens
de Jéſus, qu'il ne leur eut donné un nom propre à dé-
finir, & à marquer le degré de leur parenté. Au contraire, lorsqu'il en fait mention, au ſujet des Nôces de
Canaan, où ils avoient aſſiſté ainſi que ſa Mere; il dit,
*après cela il deſcendit à Capernaum avec ſa Mere & ſes
freres.* Il n'y a pas de paſſage, dans l'Ecriture, qui ſemble
plus clair que celui-ci. J'ignore en vertu de quoi les
Théologiens catholiques cherchent à l'affoiblir. Ils dé
vroient ſentir qu'en voulant donner un ſens allégorique
à une choſe qui préſente un ſens clair & débaraſſé de
tout ſubterfuge, ils prêtent des armes aux Proteſtans,
qui trouveront que le paſſage ſur lequel nous fondons la

νογενῆ καὶ πρωτότοκον πάσης κ7ίσεως; ἀλλὰ

τὸ λεγόμενον ὑπὸ Ἰωάννȣ· πάντα δὶ αὐτȣ ἐγέ-

νετο,

vérité de la préfence réelle, quelque clair qu'il foit, *Ceci est mon Corps, ceci eſt mon Sang*, peut être expliqué différemment; puisque les Catholiques donnent eux - mêmes à un paſſage très - clair, une explication différente de ſon ſens naturel. Mais, dira - t - on, l'Evangile, les Prophetes, les Apôtres ont dit, que le Meſſie étoit né d'une Vierge: & qui peut douter de cette vérité s'il eſt chrétien? Mais après la naiſſance de Jéſus Chriſt, la Vierge a pu ceſſer de l'être, ſans que le Miſtere de l'Incarnation en ait ſouffert aucune atteinte. L'opinion, que les Théologiens Catholiques ont établie ſur ce ſujet, vient de l'idée qu'ils ont eue qu'il ne convenoit pas que la Mere de Jéſus Chriſt ceſſât de reſter Vierge: mais qui leur a dit que cet état étoit plus pur que celui du mariage? c'eſt un des points de controverſe le plus diſputé aujourd'hui. D'ailleurs Jéſus Chriſt, qui avoit bien voulu ſe faire homme, mourir, pour nous ſauver, ſur la croix; ne pouvoit - il pas laiſſer les choſes à leur cours naturel dans l'union de Joſeph & de Marie? C'eſt à cette idée de grandeur, pour la dignité de la Naiſſance du Meſſie, que le dogme de l'immaculée conception, (inconnu aux Apôtres & au dix premiers ſiecles, ſi ſavamment rejetté & détruit par S. Thomas,) doit ſa naiſſance. Foibles mortels que nous ſommes,

premier né de toutes les Créatures? pouvez-vous, Galiléens, montrer dans aucun Prophete, quelque chose qui convienne à ces

nous voulons toujours juger des grandeurs de Dieu, par l'idée que nous avons des nôtres! C'est vouloir comparer la gloire suprême au plus profond abaissement. Qu'est-ce que notre foiblesse, auprès de l'immensité de Dieu? & quelle folie n'est-ce pas à nous, de vouloir juger de ce qui constitue sa puissance, par ce que fait la nôtre, qui n'est qu'un vrai néant?

La question qui concerne les freres de Jésus Christ, a été agitée par plusieurs Peres de l'Eglise; & quoiqu'ils n'aient pas cru que ces freres fussent nés de Marie, ils ont cependant assuré qu'ils appartenoient véritablement à Jésus, en qualité de freres de pere. On a beaucoup disputé pour savoir. doù vient St. Jaques est appellé frere de Jésus Christ. Helvidius, qui a été mis au nombre des hérétiques, a soutenu qu'il étoit fils de Joseph & de Marie. Eusebe & St. Epiphane prétendent qu'il étoit fils de St. Joseph, mais de sa premiere femme; ainsi il auroit dû être appellé frere de Jésus Christ, de la même maniere que Joseph en étoit le pere. S'il faut en croire St. Epiphane, St. Joseph a l'âge de quarante ans engendra St. Jaques; ensuite à l'âge de quatre vingts-ans, étant veuf, il se remaria avec Marie. Belarmin n'est point du sentiment de ces deux anciens Peres: il veut que St. Joseph ait toujours gardé sa virgi-

nité ; *sed verius eſt, ſanctum Joſephum fuiſſe perpetuo virginem, ut erat ejus ſanctiſſima conjux,* Belarm. de ſcript. eccleſiaſt. Cedendant il paroît que du temps de St. Epiphane, qui vivoit l'an trois cent ſeptante, & d'Euſebe, qui écrivoit l'an trois cents vingt six, on devoit mieux connoître la parenté & la famille de Joſeph, que Belarmin, qui vivoit encore dans le commencement du dix ſeptieme ſiecle, & qui ſurement ne pouvoit pas être mieux inſtruit que ces deux anciens Peres de l'Egliſe très reſpectables par leurs connoiſſances.

Quelqu'un dira peut-être que je ſemble me contredire dans cette note, puisque j'ai établi dans une autre la néceſſité de ſe ſoumettre à un juge de la foi : Or l'Egliſe ayant décidé que Marie a toujours reſté Vierge, je dois le croire. Auſſi en ſuis-je perſuadé, & je n'ai fait cette rémarque que pour montrer de nouveau la néceſſité d'un juge de la foi : ſans cela n'y-a-t-il pas, dans ce paſſage de S. Mathieu, un ſujet de diſpute, de controverſe, & même de ſchisme, qui eſt détruit dès que le juge, qui a véritablement le droit d'expliquer l'Ecriture, a prononcé ſa déciſion, à laquelle tout catholique raiſonnable doit ſe ſoumettre.

Avant de finir cette note, je crois devoir réfuter une calomnie odieuſe de Celſe au ſujet de la ſainte Vierge, dont Julien a eu la probité de ne vouloir point faire uſage ; ce qui prouve que, tout ennemi qu'il étoit du Chriſtianisme, il a ſenti combien étoit faux le reproche que Celſe oſoit faire à Marie, ſur l'autorité d'un libelle qui parut en Judée peu de tems après la mort de Jéſus Chriſt. Origene, dans le grand ouvrage qu'il a écrit

sontre Celfe, détruit cette hiftorie également fauffe &
fcandaleufe. Mais il me paroît que les raifonnemens
philofophiques dont il fe fert, ne valent pas ceux qu'il
auroit pû tirer des faits conftatés par l'hiftoire. „Celfe,
„*dit-il,* fait reprocher par un Juif à Jéfus, d'avoir fup-
„pofé qu'il devoit fa naiffance à une Vierge ; il lui re-
„proche enfuite d'être originaire d'un petit hameau de
„la Judée, & d'avoir eu pour Mere une pauvre villa-
„geoife qui ne vivoit que de fon travail. Il dit
„qu'ayant été convaincue d'adultere avec un foldat nommé
„Panthere, elle fut chaffée par fon fiancé qui étoit
„charpentier de profeffion ; Qu'après cet affront, errant
„miférablement de lieu en lieu, elle accoucha fecrete-
„ment de Jéfus ; que lui fe trouvant dans la néceffité,
„fut contraint de s'aller louer en Egypte, où avant ap-
„pris quelques-uns de ces fecrets, que les Egyptiens
„font tant valoir, il retourna dans fon pays ; & que tout
„fier des miracles qu'il favoit faire, il fe proclama lui-
„même Dieu. Origene, pour réfuter cette calomnie,
„& furtout l'adultere commis avec Panthere, dit que
„l'auteur d'un pareil conte auroit été plus dangereux,
„s'il avoit attribué la naiffance de Jéfus à Jofeph &
„à Marie : mais que d'avoir fuppofé, comme un fait
„conftant, que Jéfus n'étoit pas né de Marie & de Jo-
„feph, c'étoit découvrir l'impofture à ceux qui ont du
„raifonnement, & qui favent pénétrer les fuppofitions.
„En effet, eft-il vraifemblable, *continue Origene,* que
„celui qui a fait de fi grandes chofes en faveur du gen
„re humain, n'oubliant rien pour obliger tous les hom-
„mes, tant Grecsque Barbares, à renoncer au vice dans

„l'attente du jugement de Dieu, & à régler toutes leurs
„actions fur la volonté du Créateur de l'Univers; ait eu
„la plus fale & la plus honteufe de toutes les naiffances;
„bien loin d'avoir eu, en cela, quelque chofe d'extra-
„ordinaire? C'eft aux Grecs, & particulierement à
„Celfe, qui, foit qu'il approuve les fentimens de Platon,
„ou qu'il ne les approuve pas, fait au moins fort va-
„loir fon autorité; c'eft à eux à nous dire s'il eft croy-
„able que celui qui prend le foin de diftribuer à chaque
„corps l'ame qui le doit animer, ait voulu qu'un hom-
„me, qui devoit en inftruire tant d'autres, corriger tous
„les déreglemens de leur vie, & rendre la fienne illuftre
„en tant de façons; foit né de la maniere du monde la
„plus infame, & n'ait pas même eu l'honneur de fortir
„d'un mariage légitime: Ou, pour parler felon l'opini-
„on de Pythagore, de Platon & d'Empédocle, allégués
„affez fouvent par Celfe; s'il eft vrai qu'il y ait de cer-
„taines caufes occultes qui faffent que chaque ame foit
„appropriée à un corps digne d'elle, par rapport aux
„mœurs & aux qualités qu'elle a eues auparavant;
„n'eft-il pas vrai auffi qu'une ame, qui venoit au monde
„pour y faire plus de bien que n'en font la plûpart des
„autres, (je ne veux pas dire toutes, de peur que cela
„ne fente le préjugé;) a dû être jointe à un corps non feu-
„lement plus parfait que ceux du commun, mais excellent, même entre tous? *Origene, contre Celfe. liv.*
„*prémier. Chap. IX.* je me fers toujours de l'excellente
„traduction de Bouhéreau. „

Tout ce raifonnement d'Origene eft vraifemblable,
mais n'eft point évident: car l'antiquité fourmilloit de

grands hommes qui avoient été conçus dans l'adultere ou dans le concubinage. Les Juifs même en fourniffoient une preuve, par l'adultere de David & de Bethfabé, qui produifit Salomon le plus fage des Rois, d'où Jéfus tiroit fon origine. L'hiftoire moderne nous donne encore un nombre d'exemples qui prouvent que la naiffance illégitime a produit de très grands hommes dans tous les genres. Parmi les plus illuftres guerriers, le Comte de Dunois & le Comte de Saxe; Erasme parmi les gens de lettres. C'étoit par des faits, qu' Origene auroit dû anéantir toute l'hiftoire fabuleufe dont parle Celfe. Faifons donc ici ce qu' Origene n'a pas fait: Premierement, il eft prouvé par le rapport des Evangéliftes, que Jofeph ne répudia point Marie: elle vécut avec lui; & lorsqu' Hérode voulut faire mourir tous les enfans de Bethléhem, Jofeph & Marie transporterent Jéfus en Egyte. Ils n'en revinrent qu'après la mort d'Hérode, dont ils furent avertis divinement, comme nous l'apprend S. Matthieu. ,,Mais après qu' Hé-,,rode fut mort, voici, l'Ange du Seigneur apparut dans ,,un fonge à Jofeph en Egypte, & lui dit; leve-toi, ,,& prens le petit enfant & fa mere, & t'en va au pays ,,d'Ifrael: car ceux qui cherchoient à ôter la vie au ,,petit enfant, font morts.,, *Defuncto autem Hérode, ecce angelus domini apparuit in fomnis Jofeph in Ægypto, dicens; furge & accipe puerum & matrem ejus, & vade in terram Ifrael: defuncti enim funt qui quærebant animam pueri. Evang. fecund. Matth. Cap. XXI. vers 19.*

Nous voyons une Nouvelle preuve dans S. Luc, que Joseph resta avec Marie, & que Jésus les suivoit partout où ils alloient. „Or, *dit cet Evangéliste,* son pere & sa „Mere alloient tous les ans à Jérusalem, à la fête de „pâque; Et quand il eut atteint l'âge de douze ans, „son Pere & sa Mere étant montés à Jérusalem, selon „la coutume de la fête, & s'en retournant après avoir „accompli les jours de la fête, l'enfant Jésus demeura „dans Jérusalem; & Joseph & sa Mere ne s'en apper- „çurent point; Mais croyant qu'il étoit dans la troupe „des Voyageurs, ils marcherent une journée; puis ils „le chercherent entre leurs parens, & ceux de leur con- „noissance; & ne le trouvant point, ils s'en retourne- „rent à Jérusalem en le cherchant. Or il arriva que „trois jours après, ils le trouverent dans le Temple, assis „au milieu des Docteurs, les écoutant & les interrogeant. „Et tous ceux, qui l'entendoient, s'étonnoient de sa sagesse „& de ses réponses. Et quand ils le virent, ils en fu- „rent étonnés, & sa Mere lui dit: mon enfant, pourquoi „nous as-tu fait ainsi? voici, ton pere & moi te cher- „chions, étant en grande peine. Et il leur dit; pourquoi „me cherchiez-vous? ne saviez-vous pas qu'il me faut „être occupé aux affaires de mon Pere? *Profisce-bantur autem ejus parentes quotannis Hierosolymam festo paschæ. Igitur, dum jam erat annorum duodecim, quum illi Hierosolymam ex more festi adscendissent, dies-que peregissent, eis revertentibus remansit puer Jésus Hierosolymæ. Id quod ignorantes ejus parentes, eum in comitatu esse rati, postquam iter unius diei fecerunt, cœperunt inter cognatos & familiares conquirere: Ee-*

que non invento réverterunt Hyerofolymam eum quæ-
rentes. Accidit autem, ut poft triduum eum in fano
invenerint, inter magiftros federtem, ac interrogantem.
Stupebant autem omnes, eum audientes, ejus acumen
ac réfponfiones. Atque eo vifo attoniti funt illi, eumque
fic eft adlocuta mater ; cur nobis ita fecifti? en pater
tuus & ego te dolentes quærebamus. At ille: quorfum
me quærebatis? inquit eis, an nefciebatis, mihi agenda
effe mei patris negotia? Evang. Luc. Cap. II.
v. 41. — 49.

Les incrédules difent, que les Evangéliftes peuvent
avoir inventé ces faits, pour favorifer la légitimité de la
naiffance de Jéfus. Mais cette objection eft fi mauvaife,
qu' à peine mérite-t-elle qu'on y réponde. Car eft-
il probable que les Apôtres, qui écrivoient dans un
tems où tous les faits qu'ils rapportoient, pouvoient
être démentis s'ils étoient faux, euffent ofé en avancer un auffi contraire à la vérité, & auffi aifé à vérifier? ne fe feroient-ils pas perdus entierement dans
l'efprit de tous ceux qui avoient connu Jéfus?

Les incrédules répondent à cela, que la crainte
qu'un fait pût être démenti, n'a jamais empéché ceux
qui ont intérêt d'établir ce fait comme réel & autentique, de l'avancer avec la plus grande hardieffe: ils
prétendent s'autorifer par l'hiftoire: Ils difent que tous
les auteurs Grecs & Romains font remplis de prodiges
qui pouvoient être démentis par un nombre de témoins
Oculaires du contraire, & qui cependant n'ont
point été retenus par cette appréhenfion. Ils citent
encore les miracles de Mahomet atteftés par fes pre-

miers fuccesseurs, miracles dont plusieurs Arabes devoient connoître la fausseté. Enfin ils appuient leur sentiment par ce qui s'est passé de nos jours: ils donnent pour exemple les Mandemens de Monsieur de Colbert Evêque de Montpelier, ceux de Monsieur l'Evêque d'Auxerre, qui certifient avec la plus grande affurance tous les miracles opérés par les Convulsions, & par la terre du tombeau du diacre Paris, dont la fausseté est généralement reconnue; ils fortifient leur sentiment par le caractere de ceux qui confirment les miracles des Convulsions; ce sont des Evêques & des Théologiens très instruits, contre les mœurs des quels on n'a rien à dire; & cependant combien de Fables absurdes ne donnent-ils pas pour d'éclatants miracles dont ils disent avoir été les témoins, qui sont pourtant démentis par le témoignage d'une foule de gens qui assurent qu'il n'est rien de si faux que ces prétendus miracles publiés avec tant d'oftentation & tant de confiance par ces Evêques & par leurs partisans. Les miracles ont eu même des Martyrs: combien de gens n'ont pas été exilés, enfermés à Vincennes, obligés de sortir du royaume? le Cardinal de Fleuri a plus fait expédier de lettres de cachet contre les Janfénistes, qu'il n'y a eu de martyrs dans les cinq premieres persécutions de l'Eglife: les gens que l'on pourfuivoit, n'étoient point de la lie du peuple. Mr. de Mongeron Conseiller au Parlement de Paris, après avoir préfenté au Roi une belle Apologie des miracles de St. Paris, opérés par le moyen des convulfions à St. Médard; est mort en exil pour

en foutenir l'autenticité ; très perfuadé qu'en offrant à
Louis XV. fa défenfe des convulfionnaires, il avoit fait
une action auffi louable que celle de St. Juftin, lorfqu'il
préfenta à l'Empereur Antonin le pieux, fon Apologie
pour les Chrétiens.

Les mêmes incrédules reviennent à la charge, & ob-
jectent que dans le paffage de St. Luc, que nous venons
de rapporter, il s'y trouve des chofes qui paroiffent détruire d'autres faits établis par les Evangéliftes. Comment, difent ces incrédules, eft-il poffible que Jofeph,
qui avoit appris par un ange qu'il ne devoit pas crain-
dre de prendre Marie pour femme, parcequ'elle étoit enceinte du S· Efprit ; (*Nam in ea genitum de fpiritu fanĉto*
τὸ γὰρ ἐν αὐτῇ γεννηθὲν ἐκ πνεύματός ἐσιν ἁγίου.
Secund. Matth. cap. 1. verf. 20.) ait pu s'étonner que Jéfus difputant fur la Loi dans le temple, dît, ne faviez-vous
pas qu'il me faut être occupé des affaires de mon Pere ?
οὐκ ᾔδειτε ὅτι ἐν τοῖς τοῦ πατρός μου δεῖ εἶναί με.
Nefciebatis quia in his patris mei, oportet effe. La fur-
prife de Marie, à qui le miftere de l'incarnation avoit été
annoncé par un ange, augmente les critiques des incrédules. *Ecce concipies in utero & paries filium* καὶ ἰδοὺ συλλή-
ψη ἐν γαςρί, καὶ τέξη υἱόν. Comment Marie, connoif-
fant qu'elle avoit enfanté par l'opération de Dieu, pou-
voit-elle ne rien comprendre aux paroles de fon fils, qui
étoient fi claires ? tous ces faits, ajoûtent les incrédules,
heurtent la raifon : c'eft tout ce que l'on pourroit dire,
fi un Ange n'avoit pas appris à Marie, qu'elle conce-
vroit par l'opération du S. Efprit, & fi un autre
Ange n'eût pas révélé ce myftere à Jofeph.   Mais

E 5

veto, καὶ χωρὶς αὐτῦ ἐγένε͵ο ὐδὲ ἓν, ἔχει τις

ἐν

deux personnes, dont l'une avoit enfanté le fils de Dieu, & dont l'autre qui le connoiſſoit, paſſoit pour ſon Pere putatif, pouvoient-elles ne rien entendre aux paroles de Jéſus, lorſqu'il diſoit, en expliquant la Loi dans le temple, qu'il falloit qu'il fût occupé des affaires de ſon Pere?

Ces objections, qui paroiſſent ſpécieuſes, n'ont dans le fond aucune vérité. Premierement on doit répondre auu incrédules, que Marie & Joſeph ne comprirent pas ce que Jéſus vouloit leur dire, parcequ'il paroît qu'ils ne firent aucune attention à ſa réponſe: ſans cela ils en auroient compris le ſens. Cela eſt hors de doute, puiſque deux verſets après celui ſur lequel les incrédules fondent leur critique, S. Luc dit clairement le contraire de ce que ſemble contenir le paſſage dont-il s'agit. „Alors Jéſus deſcendit avec eux & vint à Nazareth, & il „leur étoit ſoumis, & ſa Mere conſervoit toutes ſes pa-„roles dans ſon coeur.„ *Καὶ ἡ μήτηρ αὐτῦ διετήρει πάντα ταῦτα ἐν τῆ καρδία αὐτῆς. Et mater ejus conſervabat omnia verba hæc in corde ſuo.* Il falloit donc que Marie en comprît le ſens caché; & ſi elle ne s'apperçut pas du véritable ſens des paroles de Jéſus dans le temple, c'eſt que dans la joye de le retrouver après l'avoir perdu trois jours, elle n'y fit pas attention. Secondement, les termes de l'Evangile peuvent être également expliqués, ſoit dans le Grec, ſoit dans les traductions latines, par les mots *ne pas ouïr*, ainſi que

ces paroles de Jean, [13] *toutes chofes ont été*

fai-

par les mots *ne pas comprendre*. Ne difons-nous pas tous les jours en françois, je n'ai pas compris une chofe, pour dire, je ne l'ai pas entendue, je ne l'ai pas ouïe?

Finiffons cette remarque par la réfutation que fait Origene d'une fade & ridicule plaifanterie fur le miftere de l'Incarnation. ,,De s'arrêter ici, *dit Origene*, à réfuter ,,un difcours où le bon fens a moins de part que la ,,froide raillerie, ce feroit, à mon avis, mal employer ,,fon tems. *Si la Mere de Jéfus étoit belle*, dit Celfe; ,,*& que ce foit à caufe de fa beauté, que Dieu l'ait voulu* ,,*honorer de fes embraffemens, lui qui n'eft pas d'une* ,,*nature à fe laiffer prendre par les beautés mortelles;* ,,*toujours femble-t-il qu'il fe foit fait tort de s'abaiffer* ,,*à aimer une perfonne qui n'etoit ni d'une naiffance* ,,*royale, ni dans une haute fortune, puifqu'elle n'etoit* ,,*pas-même connue de fes voifins*. Celfe continue fes ,,railleries, en difant: *que quand le Charpentier vint* ,,*à la haïr & à la chaffer, ni la foi qu'il devoit avoir* ,,*pour ce qu'elle lui difoit, ni toute la puiffance de Dieu* ,,*ne furent d'aucun fecours pour elle*. Il n'y a rien-là, ,,ajoute-t-il, *qui fente le Royaume de Dieu*. Quelle ,,différence y a-t-il entre ces paroles, & celles de ces ,,gens qui fe difent des injures dans les carrefours, fans ,,garder aucune forte de bienféance?,, *Origene id ib.*

[13] Jean. I.

ἐν ταῖς προφηϑικαῖς δεῖξαι φωναῖς; ἃ δὲ ἡμεῖς
δείκνυμεν, ἐξ αὐϑῶν ἐκείνων ἐξῆς ἀκύεϑε· κύριε
ὁ Θεὸς ἡμῶν κϑῆσαι ἡμᾶς, ἐκτός σȣ ἄλλον ȣκ
οἴδαμεν. πεποίηϑαι δὲ παρ᾽ αὐτῶν καὶ Ἐζε-
χίας ὁ βασιλεὺς εὐχόμενος, κύριε ὁ Θεὸς
Ἰσραὴλ, ὁ καθήμενος ἐπὶ τῶν Χερȣβὶμ, σὺ
εἶ ὁ Θεὸς μόνος. μήτι τῷ δευτέρῳ καταλεί-
πει χώραν;

Ἀλλ᾽ εἰ Θεὸς, φησὶν Ἰȣλιανὸς, ἐκ Θεȣ̈
καθ᾽ ὑμᾶς ὁ λόγος ἐσὶ, καὶ τῆς ȣσίας ἐξέφυ
τȣ̈ Πατρὸς, Θεοϑόκον ὑμεῖς ἀνθ᾽ ὅτȣ τὴν
Παρθένον εἶναι φατέ; πῶς γὰρ ἂν τέκοι Θεὸν ἄνθρωπος ȣσα καθ᾽ ὑμᾶς, καὶ πρός γε τȣ́-
τῳ,

14 Eſaie XXVI.

faites par lui, & fans lui rien n'a été fait?
Entendez au contraire comme s'expliquent
vos Prophetes. *Seigneur notre Dieu*, dit
Efaïe, [14] *fois notre protecteur! excepté toi,
nous n'en connoiffons point d'autre.* Le même
Efaïe introduifant le Roi Ezéchias priant
Dieu, lui fait dire: [15] *Seigneur Dieu d'Ifrael,
toi qui es affis fur les chérubins, tu es le feul
Dieu.* Voyez qu'Efaïe ne laiffe pas la liberté
d'admettre aucun autre Dieu.

Si le verbe eft un Dieu venant de Dieu,
ainfi que vous le penfez; s'il eft produit par
la fubftance de fon Pere; pourquoi appellez-
vous donc Marie la Mere de Dieu? & comment a - t - elle enfanté un Dieu, puisque Marie étoit une créature humaine ainfi que
nous? De même comment eft-il poffible,
lorsque Dieu dit lui-même dans l'Ecriture,
Je fuis le feul Dieu & le feul Confervateur;
qu'il

15 Efaïe XXVII.

τῳ, φησὶ, λέγοντος ἐναργῶς Θεῦ, ἐγώ εἰμι, καὶ ἐκ ἔςι πάρεξ ἐμῦ σώζων· ὑμεῖς σωτῆρα τὸν ἐξ αὐτῆς εἰπεῖν τεϊολμήκαϊε; προσεπηνέγκατο γὰρ τοῖς ἑαυτῦ λόγοις καὶ ταῦτα.

Ὅτι δὲ Μωσῆς ὀνομάζει Θεὺς τὺς ἀγγέλυς, ἐκ τῶν ἐκείνυ λόγων ἀκύσατε· ἰδόντες δὲ

---

[16] *Mais quittons cette matiere & venons à une autre.* J'ai ajouté cela pour mieux lier le fens du texte, qui me paroît ici interrompu.

[17] *Les enfans de Dieu voyant que les filles des hommes étoient belles.* Voici un des endroits de l'Ecriture, qui a été interprété le plus diverfement, & dont le véritable fens a reçu différentes explications, felon que ceux qui vouloient autorifer leur opinion par ce paffage, avoient befoin de s'en fervir. Plaçons d'abord ici les différentes leçons de ce paffage, qui ne font gueres moins oppofées l'une à l'autre, que les fens qu'on a voulu lui donner. Le texte hébreu dit. *Et viderunt filii Dei filias hominum quod pulchræ ipfæ,* Et les fils de Dieu virent que les filles des hommes étoient belles.

qu'il y ait un autre Conſervateur ? Cependant vous oſez donner le nom de Sauveur à l'homme qni eſt né de Marie. Combien ne trouvez - vous pas de contradictions entre vos ſentimens & celui des anciens Ecrivains Hébreux ! [16] Quittons cette matiere & venons à une autre.

Apprenez, Galiléens, par les paroles mêmes de Moïſe, qu'il donne aux Anges le nom de Dieu: *Les enfans de Dieu*, [17] dit-il,

voyant

Le texte Caldéen: *Et viderunt filii magnatum filias hominum quod eſſent pulchræ*, & les fils des Princes (ou des Grands) virent que les filles des hommes étoient belles. Les Septante ont deux textes différents dans les anciens manuſcripts: le premier texte dit: ἰδόντις δὲ υἱοὶ τῦ Θεῦ τὰς θυγατέρας τῶν ἀνθρώπων ὅτι καλαί εἰσιν, les fils de Dieu voyant que les filles des hommes étoient belles: le ſecond texte des Septante dit ἰδόντες δὲ ἄγγελοι τῦ Θεῦ τὰς θυγατέρας, les Anges de Dieu voyant que les filles des hommes étoient belles. La Vulgate eſt entierement conforme au premier texte des Septante: *Videntes filii Dei filias hominum quod eſſent pulchræ; acceperunt ſibi uxores ex omnibus quas elegerunt:* les fils de Dieu voyant que les

δὲ οἱ υἱοὶ τῶ Θεῶ τὰς θυγατέρας τῶν ἀνθρώ-

πων, ὅτι καλαί εἰσιν, ἔλαβον ἑαυτοῖς γυναῖ-

κας

filles des hommes étoient belles, ils prirent pour leurs femmes celles qu'ils choisirent. Aquila dit, les fils des Dieux *οἱ υἱοὶ τῶν Θεῶν*. Castelion, par une licence impardonnable, paraphrafe le texte Hébreu, & dit, *Earum pulcritudine capti hominum potentiffimi eligebant ex omni numero quas ducerent uxores:* les plus puiffants d'entre les hommes, épris de leur beauté, choifirent dans le nombre celles qu'ils vouloient pour époufes. La traduction françoife de Martin dit: Les fils de Dieu voyant que les filles des hommes étoient belles, prirent pour leurs femmes toutes celles qu'ils choifirent.

Voilà donc, dans ces différents textes, les fils de Dieu, les fils des Dieux, les fils des Princes, les Anges de Dieu, les plus puiffants d'entre les hommes: quelle différence, & quelle difficulté ne trouveroit-on pas, s'il falloit établir fur ce paffage la vérité d'une prophétie, ou la certitude d'un article de foi? Il y auroit dans ce verfet de la Genefe, de quoi produire autant de fectes, qu'il y a de différents textes, fi l'on n'avoit pas recours à un juge fouverain de la foi. Auffi voit-on qu'avant que ce juge eût décidé, les Peres les plus éclairés de l'Eglife étoient oppofés les uns aux autres fur l'explication de ce paffage. Ce ne fut

voyant que les filles des hommes étoient belles,
ils en choisirent parmi elles, dont ils firent leurs
femmes: & les enfans de Dieu ayant connu

les

qu'après quatre cens ans, qu'on commença à croire
qu'on en avoit pénétré le véritable sens. Les Juifs
même les plus savans ne s'accordoient pas d'avantage
sur cet article, que les Docteurs Chrétiens. Examinons succinctement ce que les Juifs & les Chrétiens ont
pensé de cet endroit de l'Ecriture.

Philon prétend que par les mots d'anges de Dieu,
il faut entendre des génies, ou des ames, qui ha-
bitant dans les airs, sans être attachés à aucun
corps, eurent envie de faire leur demeure dans
le corps des hommes, & connurent ensuite des femmes charnellement, dont ils eurent des enfans. Il
dit, que les Esprits ou les ames, que les Philosophes
ont nommé Génies, Moïse les a appellés *Anges.*
Ἰδόντες δὲ οἱ ἄγγελοι τῦ Θεῦ τὰς θυγατέρας τῶν
ἀνθρώπων ὅτι καλαί εἰσιν, ἔλαβον ἑαυτοῖς γυναῖκας
ἀπὸ πασῶν ὧν ἐξελίξαντο. ὡς ἄλλοι φιλόσοφοι δαί-
μονας, ἀγγέλας Μωσῆς ἔωθεν ὀνομάζειν. †ψυχαὶ δὲ
εἰσι κατὰ τὸν ἀέρα πετόμεναι . . . τῶν δὲ ψυχῶν
αἱ μὲν πρὸς σώματα κατέβησαν. *Viderunt filii Dei*
filias hominum quod essent pulcræ, & acceperunt sibi
ex omnibus quas elegerant: quos alii philosophi genios,
Moses solet vocare Angelos: hi sunt animæ volitantes

κας ἀπὸ πασῶν ὧν ἐξελέξαντο· καὶ μικρὸν
ὑποβάς· καὶ μετ᾿ ἐκεῖνο, ὡς ἂν εἰσεπορεύοντο

οἱ

per aerem . . . . harum quædam defcenderant in cor-
pora. Phil. lib. de Gigant. pag. 284. Edit. in fol. Francof.

Jofeph l'hiftorien, dans fon premier Livre des An-
tiquités, Chap. 4., a foutenu que les Anges, ayant eu
commerce avec les femmes, en avoient eu des enfans.

Les premiers Peres de l'Eglife, jufqu'au quatrieme
fiecle, furent tous du fentiment de Jofeph. La feule
différence qu'il y eut dans l'opinion de ces Docteurs
Chrétiens, fut que les uns crurent que les Géans,
qui étoient nés du commerce des Anges avec les
femmes, étoient des Démons: les autres penferent
que c'étoient fimplement des hommes d'une taille
très grande. Les Anges, dit S. Juftin, ayant des-
obéi aux ordres de Dieu, ils connurent les femmes,
& engendrerent des enfans, qui furent les Démons,
qui reduifirent le genre humain dans l'efclavage.
Οἱ δὲ ἄγγελοι, παραβάντες τήνδε τὴν τάξιν, γυναι-
κῶν μίξεσιν ἡττήθησαν καὶ παῖδας ἐτέκνωσαν οἵ εἰσιν
οἱ λεγόμενοι δαίμονες. Καὶ προσέτι λοιπὸν τὸ ἀνθρώ-
πειον γένος ἑαυτοῖς ἐδούλωσαν. *Angeli autem ordina-*
tionem five difpofitionem eam transgreffi, cum mulieri-
bus, concubitùs caufa, & amoribus victi, tum filios
procreaverunt eos, qui dæmones funt dicti, atque infu-
per reliquum genus humanum in fervitutem fuam rede-

les filles des hommes, ils engendrerent les géans,
qui ont été des hommes renommés dans tous les
siecles. Il est donc manifeste, que Moïse par-

gerunt. *St. Justini philosoph. mart. Oper. Apol. I.*
pag. 44.

Athénagore croit que les enfans des Anges furent
simplement des géans. Les Anges, dit-il, déchurent
de leur état, les uns par la passion dont ils furent épris
pour les femmes, & leur Prince par sa négligence &
son peu de probité dans les choses dont il avoit été
chargé. Or des amours de ces Anges naquirent les
géans. ἐκεῖνοι (ἄγγελοι) μὲν, εἰς ἐπιθυμίαν πεσόντες
παρθένων καὶ ἥττης σαρκὸς εὑρεθέντες, ὅτος δὲ, ἀμε-
λήσας, καὶ πονηρὸς περὶ τὴν τῶν πεπιστευμένων γενόμενος
διοίκησιν. ἐκ μὲν οὖν τῶν περὶ τὰς παρθένας ἐχόντων, οἱ
καλύμενοι ἐγεννήθησαν γίγαντες. *Itaque a statu suo*
defecerunt angeli, amoribus capti virginum, & libidi-
ne carnis accensi: ipse vero princeps, tum negligentia,
tum improbitate circa procurationem sibi concreditam;
ex amatoribus igitur virginum gigantes, ut vocant,
nati sunt. Athenagor. legat. pro Christian. pag. 27.

Tertulien veut que les Anges aient engendré les démons. On peut apprendre, dit-il, dans les saintes
Ecritures, comment du péché de certains Anges, est
sortie la race des démons, race plus corrompue que
celle dont elle tire son origine. *Quomodo de Angelis*
quibusdam sua sponte corruptis, corruptior gens dæmo-

F 2

οἱ υἱοὶ τῦ Θεῦ πρὸς τὰς θυγατέρας τῶν ἀν-

θρώπων, καὶ ἐγεννῶσαν αὐτοῖς· ἐκεῖνοι ἦσαν

οἱ

num evaferit, damnata a Deo cum generis auctoribus, apud literas fanctas ordine cognofcitur. Tert. Apolog. Cap. 22.

Lactance ne décide pas fi les Anges procréerent les Démons ou les géans'; mais il dit que les Anges, après avoir eu commerce avec les femmes, perdirent le nom & la nature d'Ange, & devinrent des fatellites du Diable. *Deus angelos fuos mifit, ut vitam hominum excolerent, eosque ab omni malo tuerentur, his mandatum dedit ut fe terrenis abftinerent; neque labe maculati, honore angelico mulctarentur. Sed eos quoque idem ille fubdolus criminator, dum inter homines commorantur, illexit ad voluptates, ut fe cum mulieribus inquinarent: tum damnati fententia Dei, & ob peccata projecti & nomen angelorum & fubftantiam perdiderunt; ita Diaboli fatellites facti. Lact. Inft. divin. cap. XXVII. pag. 50. edit. Cantabrig.*

S. Ambroife prétend que les Anges ont été les peres des géans. L'Ecriture, dit-il, affure que les géans ont été procréés par les Anges & par les femmes, & elle les appelle des géans, parcequ'elle veut exprimer la grandeur de leur corps. *Gigantes autem erant in terra in diebus illis: non poetarum more gigantes illos terræ filios, vult videri divinæ fcripturæ conditor: fed*

parle des Anges. Cela n'eft ni emprunté ni
fuppofé. Il paroît encore par ce qu'il dit,
qu'ils engendrerent des géans, & non pas des
hom-

*ex angelis & mulieribus generatos adferit, quos appel-
lat vocabulo, volens eorum exprimere corporis magnitu-
dinem. Ambrofius de Noe & Arca. Lib. I. Cap. 4.*

Il feroit trop long de rapporter le fentiment de plufieurs autres Peres. Celui de S. Cyprien, celui de S.
Clément d'Alexandrie, qui ont cru que les Anges avoient
connu charnellement les femmes. Il fuffit que nous
ayons, dans S. Ambroife, un témoignage autentique que
cette opinion étoit encore celle du quatrieme Siecle, dans
lequel vivoit ce Pere de l'Eglife. S. Cyrille, écrivant
contre Julien, fut un des premiers qui la condamna, &
qui foutint que les Anges, n'ayant point un corps tel que
ceux des hommes, n'avoient pu concevoir aucune paffion pour les femmes. Ce Pere prétendit que fous le
nom *d'enfans de Dieu*, on devoit entendre *les defcendans de Seth;* qui étoient la race choifie, & fous celui
des filles des hommes les filles *de Caïn* & de fes defcendans, lefquelles étant corrompues comme leurs peres,
engagerent dans leur crime les hommes de la race de
Seth, qui charmés de leur beauté, voulurent les avoir
pour femmes. Quant aux géans, S. Cyrille dit que
c'étoient des hommes qui pouvoient être grands &
vigoureux; mais qu'ils étoient d'une figure difforme,
ἦσαν δὲ οἱ Γίγαντες ἀθρόι μὲν τάχα τε καὶ ἡλί-

οἱ γίγαν]ες, οἱ ἀπ᾿ αἰῶνος, οἱ ἄνθρωποι οἱ ὀνομαςοί·

Ὅτι τοίνυν τὰς ἀγγέλας φησὶν, εὔδηλον ἐςὶ, καὶ

ἐξω-

μώτατοι, πολὺ δέ νοσῦντες τὸ εἰδεχθές. *Cyril. cont. Jul. Lib. IX. pag. 297. edit. in fol. Francofurt.*

Après avoir établi fon fentiment, S. Cyrille n'oublie pas de dire beaucoup d'injures à Julien, & de le tourner en ridicule, fur ce qu'il prétendoit connoître les dogmes des Chrétiens.   Mais comment S. Cyrille pouvoit-il faire ces reproches à Julien, puifque cet Empereur ne difoit précifément que ce que tous les théologiens qui l'avoient précédé avoient dit, & ce que quelques-uns qui vécurent après lui, continuerent de dire, entr'autres S. Ambroife.   D'ailleurs il fe trouve des difficultés, qui paroiffent infurmontables, dans le fentiment de S. Cyrille.   Comment eft-il poffible que pendant la durée de plufieurs fiecles avant le chriftianifme, & de quatre aprés fon établiffement, perfonne ne fe foit avifé de voir les defcendans de Seth à la place des fils de Dieu ou des Anges, & les enfans de Caïn à la place des filles des hommes?   D'ailleurs étoit-ce une chofe fi furprenante, que des hommes ordinaires époufaffent des femmes, que la nature en dût changer le cours de fes loix?   Par quelle raifon de fimples hommes produifirent-ils donc des géans, que S. Cyrille dit, fans preuve, avoir été d'une figure monftrueufe? Bien loin que l'Ecriture nous apprenne rien de femblable,

hommes. Si Moïſe eût cru que les Géans avoient eu pour peres des hommes, il ne leur en eût point cherché chez les Anges, qui ſont d'une

elle parle de ces géans comme d'hommes qui s'étoient illuſtrés. „Or en ce tems, *dit la Geneſe*, il y avoit des „géans ſur la terre. Car les enfans de Dieu ayant eu „commerce avec les filles des hommes, elles enfante-„rent ces hommes puiſſants ſi célebres dans l'antiquité.„ Οἱ δὲ γίγαντες ἦσαν ἐπὶ τῆς γῆς ἐν ταῖς ἡμέραις ἐκείναις. Καὶ μετὰ ἐκεῖνο, ὡς ἂν εἰσπορεύοντο οἱ υἱοὶ τῦ Θεῦ πρὸς τὰς θυγατέρας τῶν ἀνθρώπων, καὶ ἐγεν-νῶσαν αὐτοῖς· ἐκεῖνοι ἦσαν οἱ γίγαντες οἱ ἀπ' αἰῶνος οἱ ἄνθρωποι οἱ ὀνομασοί. *Gigantes autem erant ſuper terram in diebus illis, poſtquam enim ingreſſi ſunt filii dei ad filias hominum, illæque genuerunt, iſti ſunt po-tentes a ſæculo viri famoſi.* Geneſ. cap. VI. vers 4.

Il n'y a rien dans tout cela qui marque que les géans aient été d'une figure difforme; au contraire, tout ce paſſage ſemble tendre à leur louange, à leur gloire, & à fortifier l'opinion qui donnoit aux géans une origine plus noble que celle des autres hommes. Cependant pluſieurs Peres, & quelques Théologiens modernes, ont voulu jetter une honte éternelle ſur la naiſſance des géans, & ſur les autres hommes, qu'on a crus avoir été faits par les Anges pécheurs, à qui dans la ſuite des tems on don-na le nom d'incubes & de ſuccubes. Ces Théologiens ont prétendu que les hommes, qu'on croyoit enfans des

ἔξωθεν ἢ προσπαρακείμενον, ἀλλὰ καὶ δῆλον
ἐκ τῶ φάναι ὐκ ἀνθρώπυς, ἀλλὰ γίγαντας
γεγο-

mauvais Anges, ne provenoient point de la femence de
ces Anges, mais de celle de quelques hommes, qu'ils
avoient trouvé le moyen de s'approprier par fubtilité.
Un mauvais Ange fe transformoit en fuccube, c'eſt à dire,
en ange femelle, il recevoit la femence de l'homme,
enfuite le même Ange devenant un incube, ou Ange
mafculin, formoit un homme, en répandant dans la matrice d'une femme cette femence qu'il avoit prife; en
forte qu'on peut dire que celui qui naît d'un accouple-
ment femblable, n'eſt pas fils d'un homme, puisque c'eſt
un Ange qui répand la femence. Othon Gualtérius
explique tout cela fort clairement dans fa collection
des Variantes fur la Genefe. *Vide Ludov. l'iv. in Schol.
præfertim ad id, quod fenferit Auguſtinus, angelos & dæ-
monas corporibus eſſe præditos fequutus Platonicos, Ori-
genem, Lactantium, Bafilium & confenfum fere fuo tempore fcribentium. Lyra, affirmativam tuetur, fcribens
in hunc modum: homines interdum nafcuntur, non per
femen ab ipfis dæmonibus decifum, fed per femen alicu-
jus hominis ad hoc acceptum, ut pote quod idem dæ-
mon, qui eſt fuccubus ad virum, fit incubus ad mulierem. Et ſic ille qui nafcitur, non eſt filius hominis,
ſcilicet illius cujus eſt femen acceptum. Fr. Vallefius de
acra Philofophia late.* Collatio præcip. Genef. translat
auctore Othone Gualterio. pag. 225. Le fiſtéme des ces

d'une nature bien plus élevée & bien plus excellente. Mais il a voulu nous apprendre que

Théologiens eſt encore plus contraire à l'honneur des géans, que celui de S. Cyrille; car par celui de ce Pere il s'enſuit ſimplement, qu'ils ſont fort laids; mais par celui des Théologiens ils ſont tous bâtards.

Quand on voit des opinions auſſi extraordinaires & auſſi ſinguliéres, toutes également fondées ſur les mêmes paſſages de l'Ecriture; on ne peut s'empêcher de réflèchir ſur le danger qu'il y a de mettre entre les mains du peuple, un livre dont on peut faire un uſage très dangereux, ſi l'on n'eſt pas conduit par l'autorité d'un juge qui nous apprenne comment nous devons croire & expliquer ce que nous y trouvons d'obſcur, & même d'inintelligible.

S. Auguſtin fut longtems vacillant ſur la nature des Anges; & quoiqu'il leur ait toujours donné un corps, cependant il ſe déclara à la fin en faveur de l'opinion qui rejette l'amour des Anges pour les femmes. Il expliqua par les deſcendans de Seth & par ceux de Caïn, les termes *d'enfans de Dieu & de filles des hommes*. On voit pourtant qu'il avoit beaucoup de peine à rejetter l'union des Incubes & des Succubes avec les hommes & les femmes. Pluſieurs gens d'honneur, dit ce Pere, aſſurent que quelques Démons, que les Gaulois appellent *Duſeius*, tentent & exécutent tous les jours ces impuretés; enforte qu'il y auroit de l'impudence à le

F 5

γεγονέναι παρ ἐκείνων. δῆλον γὰρ ὡς εἴπερ
ἀνθρώπυς ἐνόμιζεν αὐτῶν εἶναι τὰς πατέρας,
ἀλλὰ μὴ κρείττονος καὶ ἰχυρωτέρας τινὸς
Φύσεως, ἀκ ἂν ἀπ' αὐτῶν εἶπε γεννηθῆναι τὰς
γίγαντας· ἐκ γὰρ θνητᾶ καὶ ἀθανάτυ μίξεως
ἀποφήσασθαί μοι δοκεῖ τὸ τῶν γιγάντων ὑπο-
σῆναι γένος. ὁ δὴ πολλὰς υἱὰς ὀνομάζων Θεᾶ,
καὶ τάτες ἀκ ἀνθρώπυς, ἀγγέλυς δὲ, τὸν μο-
νογενῆ Λόγον, ἢ Υἱὸν Θεᾶ, ἢ ὅπως ἂν αὐτὸν
καλεῖτε, εἴπερ ἐγίνωσκεν, ἀκ ἂν εἰς ἀνθρώπυς
ἐμήνυσεν; ὅτι δὲ μέγα τᾶτο ἐνόμιζεν, ὑπὲρ τᾶ
Ἰσραὴλ φησιν, υἱὸς πρωτότοκός μυ Ἰσραήλ·
τί ἀχὶ καὶ περὶ τᾶ Ἰησᾶ ταῦτ' ἔφη Μωσῆς;
ἕνα καὶ μόνον ἐδίδασκε Θεόν, υἱὰς δὲ αὐτᾶ
πολλὰς τὰς κατανειμαμένυς τὰ ἔθνη· πρωτότοκον

nier. *Quosdam dæmones, quos Dusios galli nuncupant,*
hanc assidue immunditiam & tentare & efficere, plures
talesque asseverant, ut hoc negare impudentiæ videatur,
August de Civit. Dei. Lib. XV. cap. 53.

Les Peres qui vinrent après S. Cyrille & S. Augu-
stin, adopterent leur sentiment sur les descendans de

que les géans avoient été produits par le mélange d'une nature mortelle & d'une nature immortelle. Considérons à présent que Moïse, qui fait mention des mariages des enfans des Dieux, auxquels il donne le nom d'Anges, ne dit pas un seul mot du fils de Dieu. Est-il possible de se persuader que s'il avoit connu le verbe, le fils unique engendré de Dieu, (donnez lui le nom que vous voudrez,) il n'en eût fait aucune mention ; & qu'il eût dédaigné de le faire connoitre clairement aux hommes ; lui qui pensoit qu'il devoit s'expliquer avec soin & avec ostentation sur l'adoption d'Israel, & qui dit : [18] *Israel mon fils premier né?* Pourquoi n'a-t-il donc pas dit la

Seth & de Caïn. Cette opinion devint générale, & elle s'établit comme tous les dogmes, qui doivent leur naissance aux disputes des Théologiens, leur autorité au mérite & au crédit de ceux qui les soutiennent, & leur certitude aux décisions des juges de la foi.

[18] Exod. 4.

κεν δὲ Υἱον, ἢ Θεὸν Λόγον, ἤ τι τῶν ἀφ' ὑμῶν ὕσερον ψευδῶς συντεθέντων δὴ, ὅτε ᾔδει κατ' ἀρχὴν, ὅτε ἐδίδασκε φανερῶς. Αὐτῷ τε Μωσέως καὶ τῶν ἄλλων ἐπακέσατε Προφητῶν. ὁ ὃν Μωσῆς πολλὰ τοιαῦτα καὶ πάντη λέγει. Κύριον τὸν Θεόν σε φοβηθήσῃ, καὶ αὐτῷ μόνῳ λατρεύσεις. πῶς ὃν ὁ Ἰησῦς ἐν τοῖς Εὐαγγελίοις παραδέδοται, προσάττων· πορευθέντες μαθητεύσατε πάντα τὰ ἔθνη, βαπτίζοντες αὐτὰς εἰς τὸ ὄνομα τῷ Πατρὸς, καὶ τῷ Υἱῷ, καὶ τῷ ἁγίῳ Πνεύματος, εἴπερ καὶ αὐτῷ λατρεύειν ἔμελλον; ἀκόλυθα δὲ τότοις καὶ ὑμεῖς διανοέμενοι, μετὰ τῷ Πατρὸς θεολογεῖτε τὸν Υἱόν.

Ὑπὲρ δὲ ἀποτροπαίων ἐπάκυσον πάλιν ὅσα λέγει καὶ λήψεται δύο τράγυς ἐξ αἰγῶν περὶ

---

[19] Deut. 6.

la même chose de Jésus? Moïse enseignoit qu'il n'y avoit qu'un Dieu, qui avoit plusieurs enfans ou plusieurs Anges, à qu'il avoit distribué les Nations; mais il n'avoit jamais eu aucune idée de *ce fils premier né, de ce verbe Dieu*, & de toutes les fables que vous débitez à ce sujet, & que vousavez inventées. Ecoutez parler ce même Moïse, & les autres Prophetes qui le suivirent. *Vous* [19] *craindrez le Seigneur notre Dieu, & vous ne servirez que lui.* Comment est-il possible que Jésus ait dit à ses Disciples: [20] *Allez enseigner les Nations, & les baptisez au nom du Pere, du fils, & du S. Esprit:* il ordonnoit donc que les nations devoient l'adorer avec le Dieu unique? & vous soutenez cette erreur, puisque vous dites, *que le fils est Dieu, ainsi que le Pere.*

Pour trouver encore plus de contrariété entre vos sentimens & ceux des Hébreux, au

pèrs

[20] Matth. 27.

περὶ ἁμαρτίας, καὶ κριὸν ἕνα εἰς ὁλοκαύτωμα. καὶ προσάξει ὁ Ἀαρὼν τὸν μόχον τὸν περὶ ἑαυτῶ, καὶ τῶ οἴκω αὐτῶ. Καὶ λήψεται δύο τράγως, καὶ στήσει αὐτὰς ἔναντι Κυρίω παρὰ τὴν θύραν τῆς σκηνῆς τῶ μαρτυρίω. Καὶ ἐπιθήσει Ἀαρὼν ἐπὶ τὰς δύο τράγως κλήρως, κλῆρον ἕνα τῷ Κυρίῳ, καὶ κλῆρον ἕνα τῷ ἀποπομπαίῳ, ὥστε ἐκπέμψαι αὐτόν, φησίν, ἀποπομπὴν, καὶ ἀφεῖναι αὐτὸν εἰς τὴν ἔρημον. Ὁ μὲν ὖν τῷ ἀποπομπαίῳ πεμπόμενος, ὕτως ἐκπέμπεται· τὸν δέ γε ἕτερον τράγον, φησὶ, καὶ σφάξει τὸν τράγον, τὸν περὶ τῆς ἁμαρτίας τῶ λαῶ, ἔναντι Κυρίω· καὶ εἰσοίσει τῶ αἵματος αὐτῶ ἐσώτερον τῶ καταπετάσματος, καὶ ῥανεῖ αἷμα ἐπὶ τὴν βάσιν τῶ θυσιαστηρίω, καὶ ἐξιλάσεται ἐπὶ τῶν ἁγίων ἀπὸ τῶν ἀκαθαρσιῶν τῶν υἱῶν Ἰσραὴλ, καὶ ἀπὸ τῶν ἀδικημάτων αὐτῶν περὶ πασῶν τῶν ἁμαρτιῶν αὐτῶν. Ὡς μὲν ὖν, φησὶ, τὰς τῶν θυσιῶν ἠπίσατο

près desquels, après avoir quitté la croyance de vos peres, vous vous êtes réfugiés; écoutez ce que dit Moïse des expiations: [21] *Il prendra deux boucs en offrande pour les péchés, & un belier pour l'holocauste : & Aaron offrira son veau en offrande pour les péchés, & il priera pour lui & pour sa maison, & il prendra les deux boucs & les présentera devant le Seigneur à l'entrée du Tabernacle d'assignation. Et puis Aaron jettera le sort sur les deux boucs, un sort pour le Seigneur, & un sort pour le bouc qui doit être chargé des iniquités, afin qu'il soit renvoyé dans le désert. Il égorgera aussi l'autre bouc, celui du Peuple, qui est l'offrande pour le péché, & il apportera son sang au dedans du voile, & il en arrosera la base de l'Autel, & il fera expiation pour le sanctuaire des souillures des enfans d'Israel & de leurs fautes selon tous leurs péchés.* Il est évident,

par

---

[21] Levit. 16.

σατο τρόπυς Μωσῆς, ἔυδηλόν ἐςί πυ διὰ τῶν ῥηθέντων. Ὅτι δὲ ὐχ ὡς ὑμεῖς ἀκάθαρτα αὐτὰ ἐνόμισεν ἔιναι, πάλιν ἐκ τῶν ῥημάτων ἐκείνυ ἐπακύσατε. Ἡ δὲ ψυχὴ ἥτις ἐὰν φάγῃ ἀπὸ τῶν κρεῶν τῆς θυσίας τῦ σωτηρίυ, ὅ ἐςι κυρίυ, καὶ ἡ ἀκαθαρσία ἀυτῦ ἐπ' ἀυτῷ, ἀπολεῖται ἡ ψυχὴ ἐκείνη ἐκ τῦ λαῦ ἀυτῆς. Ἀυτὸς ὄντως ἐυλαβὴς ὁ Μωσῆς περὶ τὴν τῶν ἱερῶν ἐδωδήν.

Προσήκει δὴ λοιπὸν ἀναμνηθῆναι τῶν ἔμπροθεν, ὧν ἕνεκεν ἐῤῥέθη καὶ ταῦτα. Διὰ τί γὰρ, ἀποςάντες ἡμῶν, ὐχὶ τὸν τῶν Ἰυδαίων ἀγαπᾶτε νόμον, ὐδὲ ἐμμένετε τοῖς ὑπ' ἐκείνυ λεγομένοις; ἐρεῖ πάντως τις ὀξὺ βλέπων, ὐδὲ

γὰρ

par ce que nous venons de rapporter, que
Moïse a établi l'usage des sacrifices, & qu'il
n'a pas pensé, ainsi que vous, Galiléens, qui
les regardez comme immondes. Ecoutez le
même Moïse : [22] *Quiconque mangera de la*
chair du sacrifice de prospérité, laquelle appar-
tient au Seigneur, & qui aura sur lui quelque
souillure ; sera retranché d'entre son Peuple.
L'on voit combien Moïse fut attentif & re-
ligieux dans tout ce qui regardoit les sacrifices.

Il est tems actuellement de venir à la
raison, qui nous a fait parcourir toutes les
opinions que nous venons d'examiner.
Nous avons eu le dessein de prouver qu'a-
près nous avoir abandonnés, pour passer
chez les Juifs ; vous n'avez point embrassé
leur religion, & n'avez pas adopté leurs
sentiments les plus essentiels.   Peut-être
quel-

[22] Ibid. vers. 15. 16.

γὰρ Ἰεδαῖοι θύεσιν· ἀλλ' ἐγώ γε αὐτὸν ἀμβλι-

ώττοντα δεινῶς ἀπελέγξω.   Πρῶτον μὲν, ὅτι

μηδὲ τῶν ἄλλων τι τῶν παρὰ τοῖς Ἰεδαίοις νε-

νομισμένων ἐςὶ καὶ ὑμῖν ἐν Φυλακῇ· δεύτερον

δὲ, ὅτι θύεσι μὲν ἐν ἀδράκτοις Ἰεδαῖοι, καὶ

νῦν ἔτι πάντα ἐθίεσιν ἱερὰ, καὶ κατεύχονται

πρὸ τε θῦσαι, καὶ τὸν δεξιὸν ὦμον διδόασιν

ἀπαρχὰς τοῖς ἱερεῦσιν· ἀπεςερημένοι δὲ τε ναε

καὶ τε θυσιαςηρίε, ἢ, ὡς αὐτοῖς ἔθος λέγειν,

τε ἁγιάσματος, ἀπαρχὰς τῷ Θεῷ τῶν ἱερείων

εἴργονται προσφέρειν. Ὑμεῖς δὲ, οἱ τὴν καινὴν

θυσίαν εὑρόντες, εδὲν δεόμενοι τῆς Ἱερεσαλὴμ,

ἀντὶ τίνος ε θύετε; καὶ τοι τετο μὲν ἐγὼ πρὸς

ὑμᾶς ἐκ περιεσίας εἶπον, ἐπεί μοι τὴν ἀρχὴν

ἐρρέ-

quelque Galiléen mal inftruit répondra : les
Juifs ne facrifient point. Je lui repliquerai
qu'il parle fans connoiffance ; premierement,
parceque les Galiléens n'obfervent aucun
des ufages & des préceptes des Juifs ; feconde-
ment, parceque les Juifs facrifient aujourd'hui
en fecret, & qu'ils fe nourriffent encore de
victimes ; qu'ils prient avant d'offrir les facrifices ; qu'ils donnent l'épaule droite des victimes à leurs Prêtres. Mais comme ils n'ont
point de temples, d'autels, & de ce qu'ils
appellent communement *Sanctuaires*, ils ne
peuvent point offrir à leur Dieu les prémices
des victimes. Vous autres, Galiléens, qui avez
inventé un nouveau genre de facrifice, & qui
n'avez pas befoin de Jérufalem ; pourquoi ne
facrifiez-vous donc pas comme les Juifs, chez
les quels vous avez paffé en qualité de trans-
fuges ? Il feroit inutile & fuperflu fi je m'é-
tendois plus longtems fur ce fujet, puisque
j'en ai déja parlé amplement, lorsque j'ai

vou-

ἐρρέθη, βαλομένῳ δεῖξαι τοῖς ἔθνεσιν ὁμολογῶντας Ἰαδαίας, ἔξω τῶ νομίζειν ἕνα Θεὸν μόνον. ἐκεῖνο γὰρ αὐτῶν μὲν ἴδιον, ἡμῶν δὲ ἀλλότριον. Ἐπεὶ τά γε ἄλλα κοινά πως ἡμῖν ἐςὶ, ναοὶ, τεμένη, θυσιαςήρια, ἁγνεῖαι, φυλάγματα τινά, περὶ ὧν ἢ τὸ παράπαν ἀδαμῶς, ἢ μικρὰ, διαφερόμεθα πρὸς ἀλλήλας.

Ἀνθ᾽ ὅτα περὶ τὴν δίαιταν ἀχὶ Ἰαδαίοις ὁμοίως ἐςὲ καθαροὶ, πάντα δὲ ἐθίειν ὡς λάχανα χόρτα δεῖν φαῖὲ, Πέτρῳ πιςεύσαντες, ὅτι, φησὶν, εἶπεν ἐκεῖνος, ἃ ὁ Θεὸς ἐκαθάρισε, σὺ μὴ κοίνα. τί τῦτο τεκμήριον, ὅτι πάλαι μὲν αὐτὰ ἐνόμιζεν ὁ Θεὸς μιαρὰ, νυνὶ δὲ καθαρὰ πεποίηκεν αὐτὰ; Μωσῆς μὲν γὰρ ἐπὶ

τῶν

voulu prouver que les Juifs ne different des
autres Nations, que dans le feul point de la
croyance d'un Dieu unique.   Ce Dogme,
étranger à tous les peuples, n'eft propre qu'à
eux.   D'ailleurs, toutes les autres chofes font
communes entr'eux & nous: les temples,
les autels, les luftrations, plufieurs cérémonies religieufes; dans toutes ces chofes nous
penfons comme les Hébreux, ou nous
différons de fort peu de chofe en quelques
unes.

Pourquoi, Galiléens, n'obfervez - vous
pas la loi de Moïfe, dans l'ufage des viandes?
Vous prétendez qu'il vous eft permis de
manger de toutes, ainfi que de différentes fortes de legumes.   Vous vous en rapportez à
Pierre, qui vous a dit: [23] *Ne dis point que ce*
que Dieu a purifié, foit immonde.   Mais par
quelle raifon le Dieu d'Ifraël a - t - il tout à
coup

[23] Act. 10.

τῶν τε]ραπόδων ἐπισημαινόμενος, πᾶν τὸ διχη-
λῦν φησὶν ὁπλὴν, καὶ ἀναμηρυκίζον, καθαρὸν
εἶναι, τὸ δὲ μὴ τοιῦτον, ἀκάθαρ]ον εἶναι. Εἰ
μὲν ἦν ὁ χοῖρος ἀπὸ τῆς Φαν]ασίας Πέτρε
νῦν προσέλαβε τὸ μηρυκᾶαδαι, πειδώμεν
αὐτῷ· τεράςιον γὰρ ὡς ἀληθῶς, εἰ μετὰ τὴν
Φαν]ασίαν Πέτρε προσέλαβεν αὐ]ό. εἰ δὲ
ἐκεῖνος ἐψεύσα]ο ταύτην ἑωρακέναι, ἵν' εἴπω
καθ' ὑμᾶς, τὴν ἀποκάλυψιν, ἐπὶ τῦ βυρσο-
δεψίε, τί ἐπὶ τηλικέτων ἕτω ταχέως πιςεύσο-
μεν; Τί γὰρ ὑμῖν ἐπέταξε τῶν Χαλεπῶν, εἰ
ἀπηγόρευσεν ἐσθίειν πρὸς τοῖς ὑείοις τά τε
π]ηνὰ καὶ τὰ θαλάτ]ια, ἀποφηνάμενος ὑπό

τῦ

coup déclaré pur ce qu'il avoit jugé immonde pendant si longtems? Moïse parlant des quadrupedes, dit: [24] *Tout animal qui a l'ongle séparé & qui rumine. est pur; tout autre animal est immonde.* Si depuis la vision de Pierre, le porc est un animal qui rumine, nous le croyons pur; & c'est un grand miracle, si ce changement s'est fait dans cet animal après la vision de Pierre; mais si au contraire Pierre a feint qu'il avoit eu chez le Taneur où il logeoit, cette *révélation*, (pour me servir de vos expressions;) pourquoi le croirons-nous sur sa parole, dans un dogme important à éclaircir? En effet quel précepte difficile ne vous eût-il pas ordonné, si outre la chair de cochon, il vous eût défendu de manger des oiseaux, des poissons, & des animaux aquatiques; assurant que tous ces animaux, outre

les

---

[24] Levit. 11. & Deut. 14.

τῷ Θεῷ καὶ ταῦτα πρὸς ἐκείνοις ἐκβεβλῆϑαι, καὶ ἀκάθαρϳα πεφηϳέναι;

Ἀλλὰ τί ταῦτα ἐγὼ μακρολογῶ λεγόμενα παρ' αὐϳῶν, ἐξὸν ἰδεῖν εἴ τινα ἰχὺν ἔχει; λέγεσι γὰρ τὸν Θεὸν ἐπὶ τῷ προτέρῳ νόμῳ θεῖναι τὸν δεύτερον. ἐκεῖνον μὲν γὰρ γενέϑαι πρὸς καιρὸν περιγεγραμμένον χρόνοις ὡρισμένοις, ὕσερον δὲ τῦτον ἀναφανῆναι διὰ τὸ τῷ Μωσέως χρόνῳ τε καὶ τύπῳ περιγεγράφϑαι. Τῦτο ὅτι ψευδῶς λέγουσιν, ἀποδείξω σαφῶς, ἐκ μὲν τῦ Μωσέως ἰ δέκα μόνας, ἀλλὰ μυρίας παρεχόμενος μαρτυρίας, ὅπῦ τὸν νόμον αἰώνιον φησίν. ἀκῦεϳε δὲ νῦν ἀπὸ τῆς Ἐξόδῦ καὶ ἔσαι ἡ ἡμέρα αὕϳη ὑμῖν μνημόσυνον, καὶ ἑορτάσατε αὐτὴν ἑορτὴν Κυρίῳ εἰς τὰς γενεὰς ὑμῶν· νόμιμον

les cochons, avoient été déclarés immondes
& défendus par Dieu?

Mais Pourquoi m'arrêter à réfuter ce
que difent les Galiléens, lorsqu'il eft aifé de
voir que leurs raifons n'ont aucune force.
Ils prétendent que Dieu, après avoir établi
une premiere Loi, en a donné une feconde:
que la premiere n'avoit été faite que pour
un certain tems, & que la feconde lui avoit
fuccédé, parceque celle de Moïfe n'en avoit
été que le type.   Je démontrerai par l'autorité de Moïfe, qu'il n'eft rien de fi faux que
ce que difent les Galiléens.   Cet Hébreu dit
expreffément, non pas dans dix endroits, mais
dans mille, que la loi qu'il donnoit feroit
éternelle.   Voyons ce qu'on trouve dans l'E-
xode: [25] *Ce jour vous fera mémorable, &*
vous le célébrerez pour le Seigneur dans toutes
les générations.   Vous le célébrerez comme une
fête

[25] Exod. 12. 15.

G 5

μον αἰώνιον ἑοςτάσατε αὐτήν· ἑπτὰ ἡμέρας
ἄζυμα ἔʹεϑε· ἀπὸ δὲ τῆς ἡμέρας τῆς ϖρώ-
της ἀφανιεῖτε ζύμην ἐκ τῶν οἰκιῶν ὑμῶν.
Χρήσεις δὲ τύτοις ἐπισωρεύσας ἑτέρας, αἰώ-
νιόν τε τὸν νόμον διὰ πασῶν ἐπιδείξας ὠνο-
μασμένον. χρῆναι γὰρ οἶμαι μακροτέρας τὸν
λόγον ἀπαλλάξαι περιόδε. ἐπιφέρει ϖάλιν
Πολλῶν ἔτι τοιύτων παραλελειμμένων, ἀφ'
ὧν τὸν νόμον τῦ Μωσέως αἰώνιον ἐγὼ μὲν εἰπεῖν διὰ τὸ πλῆθος παρῃʹησάμην, ὑμεῖς δὲ ἐπιδείξατε, πῦ εἴρηται τὸ παρὰ τῦ Παύλʒ μετὰ
τῦτο τολμηϑὲν, ὅτι δὴ τέλος νόμʒ Χριςός. ϖῦ
τοῖς Ἑβραίοις ὁ Θεὸς ἐπηγγείλατο νόμον ἕτερον.

26 Il y a ici une lacune: mais comme elle n'étoit
remplie que par des paſſages deſtinés à prouver que la

fête folemnelle par ordonnance perpétuelle.
Vous mangerez pendant fept jours, du pain
fans levain, & dès le premier jour vous ôterez
le levain de vos maifons. [26] Je paffe un nombre de paffages que je ne rapporte pas pour
ne point trop les multiplier, & qui prouvent
tous également que Moïfe donna fa Loi
comme devant être éternelle. Montrez-moi,
O Galiléens! dans quel endroit de vos Ecritures il eft dit, ce que Paul a ofé avancer, [27]
que le Chrift étoit la fin de la Loi. Où trou-
ve-t-on que Dieu ait promis aux Ifraélites
de leur donner dans la fuite une autre loi,
que celle qu'il avoit d'abord établie chez eux?
Il n'eft parlé dans aucun lieu, de cette nouvelle
Loi : il n'eft pas même dit qu'il arriveroit aucun changement à la premiere. Entendons
par-

Loi devoit être éternelle & immuable, felon Moïfe ; cette
lacune n'interrompt pas le fens.
[27] S. Paul aux Rom. 10.

ρον παρὰ τὸν κείμενον; ὐκ ἔςιν ὐδαμȣ, ὐδὲ τȣ κειμένȣ διόρθωσιν. Ἄκȣε γὰρ τȣ Μωσέως πάλιν· ὐ προθήσε7ε ἐπὶ τὸ ῥῆμα ὃ ἐγὼ ἐντέλλομαι ὑμῖν, καὶ ὐκ ἀφελεῖτε ἀπ᾽ αὐτȣ. Φυλάξαθε ἐντολὰς Κυρίȣ τȣ Θεȣ ὑμῶν ὅσα ἐγὼ ἐντέλλομαι ὑμῖν σήμερον, καὶ ἐπικατάρατος πᾶς ὃς ὐκ ἐμμένει πᾶσιν. Ὑμεῖς δὲ τὸ μὲν ἀφελεῖν καὶ προθεῖναι τοῖς γεγραμμένοις ἐν τῷ νόμῳ, μικρὸν ἐνομίσατε. τὸ δὲ παραβῆναι τελείως αὐτὸν, ἀνδρειότερον τῷ παντὶ, καὶ μεγαλοψυχότερον· ὐ πρὸς ἀλήθειαν, ἀλλ᾽ εἰς τὸ πᾶσι πιθανὸν βλέποντες.

Οὕτω δὲ ἐςὲ δυσυχεῖς, ὥςε ὐδὲ τοῖς ὑπὸ τῶν Ἀποςόλων ὑμῖν παραδεδομένοις ἐμμεμενήκατε, καὶ ταῦτα δὲ ἐπὶ τὸ χεῖρον καὶ δυσσεβέ-

²⁸ Deut. 4, 10. & 21.

parler Moïfe lui même. [28] *Vous n'ajouterez rien aux commandemens que je vous donnerai, & vous n'en ôtrez rien.* Obferez les Commandemens du Seigneur votre Dieu, & tout ce que je vous ordonnerai aujourd'hui. *Maudits foient tous ceux qui n'obfervent pas tous les Commandemens de la Loi.* Mais vous, Galiléens, vous comptez pour peu de chofe d'ôter & d'ajouter ce que vous voulez, aux préceptes qui font écrits dans la Loi. Vous regardez comme grand & glorieux de manquer à cette même Loi : agiffant ainfi, ce n'eft, pas la vérité que vous avez pour but ; mais vous vous conformez à ce que vous voyez être approuvé du vulgaire.

Vous [29] êtes fi peu fenfés, que vous n'obfervez pas même les préceptes que vous ont donnés les Apôtres. Leurs premiers fuccef-
feurs

---

[29] *Vous êtes fi peu fenfés* ὅτε δὴ ἐςὶ δυςυχῆς, *mot à mot, vous êtes fi malheureux.*

σεβέσερον ὑπὸ τῶν ἐπιγινομένων ἐξειργάϲϑη. τὸν γᾶν Ἰησᾶν ᾖτε Παῦλος ἐτόλμησεν εἰπεῖν Θεὸν, ᾖτε Ματθαῖος, ᾖτε Λᾶκᾶς, ᾖτε Μάρκος· ἀλλ᾽ ὁ χρησὸς Ἰωάννης, αἰϑόμενος ἤδη πο-

---

30 *N'ont ofé dire que Jéfus fût un Dieu.* Ἰησᾶν ᾖτε παῦλος ἐτόλμησεν εἰπεῖν Θεόν, ᾖτε Ματθαῖος &c. Les Apôtres, il eſt vrai, ne ſe ſont pas exprimés auſſi clairement & auſſi fortement que S. Jean, mais ils ont cependant appellé Jéſus - Chriſt *le fils de Dieu.* Les hérétiques, les Arriens, les Sociniens, & les incrédules, qui dans ces derniers tems ont voulu renouveller des erreurs condamnées depuis quatorze ſiecles, prétendent que les Evangéliſtes n'ont jamais cru que Jéſus fût égal à Dieu le Pere; & diſent qu'ils ne lui ont donné le nom de fils de Dieu, que de la même maniere que l'Ecriture, & les autres Ecrivains Juifs le donnoient aux hommes pieux qui étoient favoriſés du Ciel. Les Sociniens citent, pour appuyer leur ſentiment, le verſ. 34 du chapitre 10 de S. Jean, où Jéſus - Chriſt reproche aux Juifs leur injuſtice à vouloir le lapider, pour s'être dit fils de Dieu, alléguant pour ſa juſtification, que la Loi appelle des Dieux, ceux à qui la parole du Seigneur a été adreſſée: Ἀπεκρίϑη αὐτοῖς ὁ Ἰησοῦς, οὐκ ἔϲι γεγραμμένον ἐν τῷ νόμῳ ὑμῶν, ἐγὼ ἆπα Θεοὶ ἐϲι. *Reſpondit Jéſus, nonne ſcriptum eſt in lege veſtra: ego dixi dei eſtis. Evang. ſec. Joan. cap. X. v. 43.* Enſuite les mêmes Sociniens, pour for-

ſeurs les ont altérés, par une impi té & une méchanceté, qui ne peuvent être aſſ z blâmées. Ni Paul, ni Matthieu, ni Luc, ni Marc n'ont oſé dire que Jéſus fût un Dieu: 30 mais

tifier l'avantage qu'ils croyent tirer du paſſage de S. Jean, citent celui de S. Matthieu, où Jéſus-Chriſt dit, *qu'il n'eſt pas à lui de donner d'être aſſis à ſa droite ou à ſa gauche; que cette place eſt pour ceux à qui ſon Pere l'a deſtinée:* celui de S. Marc où il eſt dit, *que le fils ignore le jour du jugement, & qu'il n'y a que le Pere qui le ſache;* celui de S. Luc, où Jéſus-Chriſt dit: Pourquoi m'appellez-vous bon? il n'y a que Dieu ſeul qui ſoit bon. Τὸ δὲ καθίσαι ἐκ δεξιῶν μου καὶ ἐξ εὐωνύμων μου, οὐκ ἔστιν ἐμὸν δοῦναι ἀλλ' οἷς ἡτοίμασαι ὑπὸ τοῦ πατρός μου: *ſedere a dextris meis, non eſt meum dare, nec a ſiniſtris, ſed quibus paratum eſt a patre meo;* Evang. ſec. Matth. cap. XX. verſ. 23. Περὶ δὲ τῆς ἡμέρας ἐκείνης καὶ τῆς ὥρας οὐδεὶς οἶδεν, οὐδὲ οἱ ἄγγελοι οἱ ἐν οὐρανῷ, οὐδὲ ὁ υἱός, εἰ μὴ ὁ πατήρ. *De autem illo die & hora nemo ſcit, neque angeli, qui in cœlo, neque filius, ſi non pater;* Evang. S. Marc. cap. XIII. verſ. 32. Ajoutons à ces paſſages celui de St. Paul qui dit que Jéſus-Chriſt, après avoir ſoumis toutes choſes ſous la puiſſance de ſon pere, lui ſera lui-même aſſujetti. *Cum autem ſubjecta fuerint illi omnia, tum & ipſe filius ſubjicietur ſubjicienti ſibi om-*

πολὺ πλῆθος ἑαλωκὸς ἐν πολλαῖς τῶν Ἑλ-
ληνίδων καὶ Ἰταλιωτίδων πόλεων ὑπὸ ταύτης
τῆς

nia, ut fit Deus omnia in omnibus; Paul Epift. prim.
ad Corinth. cap. XV. verf. 28. Mais dans tous ces
paffages, fi l'on y fait attention, l'on verra que Jéfus-
Chrift ne parloit de lui qu'entant qu'homme. Ainfi les
hérétiques & les incrédules ne font pas fondés à en tirer les avantages qu'ils prétendent. En vain oppofent-
ils à cela, que fi Jéfus-Chrift étoit véritablement égal à
fon pere, il ne devoit pas donner, par des difcours
qui pouvoient être interprétés de différentes manieres,
un prétexte aux Juifs de croire qu'il n'étoit pas véritablement égal à fon pere; puifqu'une telle croyance
éloignoit leur converfion, pour laquelle s'étoit opéré le
miftére de l'incarnation. Jéfus, felon ces incrédules,
auroit dû parler de la maniere la plus claire; c'étoit la
feule qui pût être également utile à tous les Juifs. En
agiffant différemment, il falloit que ceux qui ne comprenoient pas le véritable fens des paroles de Jéfus,
reftaffent dans l'erreur.

· La premiere qualité, dit Platon, qu'on exige dans les
ordonnances d'un légiflateur, c'eft qu'elles foient claires, enforte que le peuple & la multitude puiffent
les comprendre & les recevoir aifément. Καὶ μὴν
τῦτό γε οἱ πολλοὶ προσάττυσι τοῖς νομοθέταις, ὅπως
τοιύτας θῶσι τᾶς νόμως οὓς ἑκόντες οἱ δῆμοι καὶ τὰ
πλήθη δέξονται. Illud etiam legiflatoribus multi præ-

mais lorsque Jean eut appris que dans plufieurs villes de la Grece & de l'Italie, beaucoup

cipiunt ut leges hujus modi ferant, quales multitudo &
populus libenter fufcipiant. Plat. in Min. Or cette
clarté doit être bien plus grande lorfqu'il s'agit des
dogmes principaux de la religion, que dans les autres
ordonnances qui fervent de loix dans la fociété civile.
Mais Jéfus s'expliquoit fi obfcurément, qne plus de quatre cens ans après lui, on difputoit pour favoir comment
il falloit expliquer ce qu'il avoit dit; les Arriens l'inter-
prétant d'une maniere, les catholiques d'une autre: &
même encore aujourd'hui, cette difficulté n'eft pas fi
bien éclaircie, qu'il n'y ait plufieurs perfonnes qui ne la
comprennent pas dans le fens que les Catholiques lui
donnent; & ces perfonnes font douées d'une grande pé-
nétration, puifqu'on compte parmi elles, Newton, Clark,
& d'autres favans renommés.

Je réponds à cela: eft-ce aux foibles mortels à
vouloir pénétrer les fecrets de la providence? Jéfus
n'éclairoit pas tous les Juifs, parcequ'il ne devoit y en
avoir qu'un certain nombre qui connût la vérité.
Ecoutons parler l'Apôtre. „Le potier de terre n'a-t-il
„pas la puiffance de faire d'une maffe de terre, un
„vaiffeau à honneur, & un autre à déshonneur? Et
„qu'eft-ce fi Dieu, en voulant montrer fa colere, &
„donner à connoître fa puiffance, a toléré avec une
„grande patience les vaiffeaux de colere, préparés pour

τῆς νόσȣ· ἀκȣ́ων δὲ, οἶμαι, ϰαὶ τὰ μνήματα
Πέτρȣ ϰαὶ Παύλȣ, λάθρα μὲν, ἀκȣ́ων δὲ ὅμως
ἀυτὰ

„la perdition? Et afin de donner à connoître les richeſ-
„ſes de ſa gloire dans les vaiſſeaux de miſéricorde,
„qu'il a préparés pour ſa gloire, ainſi qu'il nous a ap-
„pellés non ſeulement d'entre les Juifs, mais auſſi d'en-
„tre les gentils.„ *An non habet poteſtatem figulus luti,*
ex eadem maſſa facere hoc quidem vas in honorem, hoc
vero in contumeliam? Si autem volens Deus oſtendere
iram, & notam facere potentiam ſuam, ſuſtinuit in
multa longanimitate vaſa iræ adoptata in interitum;
Et ut notas faceret divitias gloriæ ſuæ in vaſa miſeri-
cordiæ, quæ præparavit in gloriam; Quos & vocavit
nos, non ſolum ex Judæis, ſed etiam ex gentibus.
„Paul Epiſt. ad Romanos cap. IX. v. 21. & ſeq.„

Il n'y a rien qui ſoit plus capable de jetter les hommes dans l'erreur, que l'envie de connoître pourquoi
Dieu a fait une choſe plutôt que l'autre: c'eſt là la ſour-
ce & l'origine de toutes les héréſies. A quoi ſert la
philoſophie, lorſqu'il ne faut employer que la foi?
Tous les raiſonnemens les plus recherchés des philoſophes ne ſont que d'épaiſſes ténebres. De quelle utilité
dit S. Jerome, eſt l'art entortillé & ſophiſtique d'argu-
menter? placerons-nous la ſimplicité de l'Egliſe au milieu des épines des philoſophes? qu'a de commun Ari-
ſtote avec Paul, & Platon avec Pierre? *Hæc tortuoſa*
argumentatio eſt, an eccleſiaſticam ſimplicitatem inter

coup de Perfonnes parmi le Peuple, étoient
tombées dans cette erreur; fachant d'ailleurs

que

philofophorum fpineta concludemus? Quid Platoni & Pe-
tro, quid Ariftoteli & Paulo? „Hieronim. cont. Pe-
„lagian:„

Lorfque les incrédules nous demandent, comment il
eft poffible que Dieu, qui par fa nature eft infiniment
bon, crée des hommes qu'il fait être dans l'impoffi-
bilité de faire leur falut; & que de la fouveraine clémence naiffe la plus grande rigueur: cela répugnant
également à l'effence des chofes & à la nature de Dieu;
Il faut leur répondre: Il eft écrit; *J'ai aimé Jacob, &*
j'ai haï Efaü. . . . . L'Ecriture dit de Pharaon: „*Je*
„*t'ai pouffé à cela dans le but de montrer en toi ma puif-*
„*fance, afin que mon nom foit publié par toute la terre.*
„Dieu a donc compaffion de celui qu'il veut, & il en-
„durcit celui qu'il veut. *Sicut fcriptum eft, Jacob di-*
„*lexi, & Efau odio habui.*„ Paul. Epift. ad Rom. v. 13.
Cap. IX. *Dicit enim fcriptura Pharaoni, quia in ip-*
fum hoc excitavi te, vt oftendam virtutem meam. & vt
annuncietur nomen meum in univerfa terra. id. ib. v. 17.
Nempe ergo cujus vult mifertur, quem autem vult in-
durat. id. ibid. v. 18. Il ne s'enfuit pas cependant de
la prédeftination d'Efaü & de celle de Pharaon, que
Dieu faffe le mal, quoique tout vienne de lui: écoutons S. Paul. „Que dirons nous donc? y-a-t-il de
„l'iniquité en Dieu? A Dieu ne plaife. *Quid ergo dice-*

αὐτὰ Θεραπευόμενα, πρῶτος ἐτόλμησεν εἰπεῖν
Μικρὰ δὲ εἰπὼν περὶ Ἰωάννυ τῦ Βαπτιςῦ,
πά-

nus? nunquid iniquitas apud Deum? ne fiat id. ib. v. 14. Cette vérité a même été connue des infideles, & l'un des premiers dogmes des Turcs est celui-ci. „Sachez „que le bien & le mal arrivent par l'ordre de Dieu, „qu'ils procedent de lui; mais gardez-vous bien de „dire, qu'il en est l'auteur, où qu'il y consent.„ *Cate-chisme Musulmann, traduit de l'Arabe du Cheikh ou Docteur Ali fils Dia a Koub par Mr. Galand, Inter-prete du Roi.*

Quelqu'un demandera peût-être ce que l'on doit faire, lorsqu'après avoir établi le dogme profond & impéné-trable de la prédestination, sur la révélation; on est obli-gé de répondre aux arguments de ceux qui nient l'au-tenticité de cette révélation? Je réponds à cela, que nous devons cesser de disputer, sans avoir égard aux rai-sons pressantes qu'on peut nous objecter; laisser parler les philosophes du siecle; & suivre le précepte de S. Jé-rome. "Les Dialecticiens, *dit ce Saint*, dont le Prince „est Aristote, sont accoutumés de tendre les filets & les „pieges de l'argumentation, & de joindre la réthorique „aux épines du sillogisme. Que doit faire un Chrétien, „lorsqu'il parle avec des personnes qui se servent d'un „art aussi séducteur? Fuir toute contestation & toute dis-„pute. *Dialectici, quorum princeps Aristoteles est, solent argumentationum retia tendere & vagam rhetoricæ li-*

que les ³¹ Tombeaux de Pierre & de Paul commençoient d'être honorés, qu'on y pryoit en

bertatem in Syllogismorum fpineta concludere. *Si hoc illi facient quorum propria ars contentio, quid debet facere Chriſtianus niſi omnino fugere contentionem. Hieronimus Epiſt. ad Titum.* Remarquons en paſſant, que S. Jerome, qui par la piété & la ſcience valoit bien nos inquiſiteurs d'aujourd' hui, ſe contente de conſ·iller de ne pas diſputer avec les philoſophes : il ſe garde bien d'ordonner de les perſécuter, encore moins de les bruler. S. Auguſtin, dans ſes rétractations, s'accuſe d'avoir loué les Philoſophes. *Laus quoque iſta, qua Platonem, vel Platonicos ſive academicos philoſophos tantum extuli, non immerito displicuit.* Aug. retract. lib. pag. 17. Les Janſéniſtes, qui vivent aujourdhui, n'auront jamais beſoin de ſe repentir des louanges qu'ils ont données aux philoſophes : mais la charité chrétienne ne demanderoit - elle pas, qu'ils rétractaſſent les calomnies dont ils ont cherché à les noircir ? Ce que je dis ici, peut encore être un avis très utile aux Jéſuites, ſur tout au Révérend Pere Berthier, ancien hiſtoriographe de Trévoux.

³¹ *Les Tombeaux de Pierre & de Paul commençoient d'être honorés.* Καὶ τὰ μνήματα Πέτρα καὶ Παύλα ἐξαπτευόμενα. Voilà un témoignage autentique, que les Tombeaux des Martirs étoient honorés ; & qu'on invoquoit les Martirs dès les tems Apoſtoliques. Les Pro-

πάλιν ἐπανάγων ἐπὶ τὸν ὑπ᾽ αὐτῷ κηρυττόμε-
νον Λόγον· καὶ ὁ Λόγος, φησὶ, σάρξ ἐγένετο,
καὶ ἐσκήνωσεν ἐν ἡμῖν· τό δὲ ὅπως λέγειν αἰ-
σχυνόμενος· ἐδαμῷ δὲ αὐτὸν ἔτε Ἰησῷν, ἔτε
Χριςὸν, ἄχρις ἕ Θεὸν καὶ Λόγον ἀποκαλεῖ,
κλέπτων δὲ ὥσπερ ἠρέμα καὶ λάθρα τάς ἀκο-
ὰς ἡμῶν, Ἰωάννην φησὶ τὸν Βαπτιςὴν ὑπὲρ
Χριςῷ Ἰησῷ ταύτην ἐκθέᾶαι τὴν μαρτυρίαν, ὅτι
ἄρα ὗτος ἐςὶν ὃν χρὴ πεπιςευκέναι Θεὸν εἶναι
Λόγον.

'Aλ'

teſtans diront en vain que Julien ne connoiſſoit pas
une tradition, qui à peine remontoit à trois ſiecles.
Comment eût-il oſé reprocher une choſe aux Chrétiens,
dont tous les Payens pouvoient être inſtruits; ſi elle
n'eût pas été véritable? Il eſt étonnant que ce paſſage
n'ait pas été cité, comme convaincant par les Contro-
verſiſtes catholiques. Il n'a pas échapé au ſavant Pere
Pétau; & c'eſt un des principaux endroits de Julien, qui
lui a perſuadé qu'on pouvoit retirer de la lecture des
Ecrits de cet Empereur, de grands avantages pour
l'étude de l'hiſtoire Eccléſiaſtique. *Præterea véteris ec-
cleſiæ mores, & Chriſtianorum diſciplinam, eadem Ju-*

en secret; il s'enhardit jusqu'à dire que Jésus étoit Dieu. Le verbe, dit-il, [32] s'est fait chair & a habité dans nous. Mais il n'a pas osé expliquer de quelle maniere; car en aucun endroit il ne nomme ni Jésus ni Christ, lorsqu'il nomme *Dieu* & *le Verbe.* Il cherche à nous tromper d'une maniere couverte, imperceptiblement, & peu à peu. Il dit que Jean-Baptiste avoit rendu témoignage à Jésus, & qu'il avoit déclaré que c'étoit lui qui étoit le verbe de Dieu.

Je

liani Scripta continent. "Petav. Præf. in Juliani opera.

[32] *Le verbe, dit-il, s'est fait chair & a habité dans nous &c.* Il y a ici une lacune. S. Cyrille place ces paroles dans le texte de Julien; μικρὰ δὲ εἰπὼν περὶ Ἰωάννε τῷ βαπτιστῇ, πάλιν ἐπανάγων ἐπὶ τὸν ὑπ' αὐτῷ κηρυτ]όμενον λόγον. *Après avoir parlé, en passant, de Jean-Baptiste, Julien revient au verbe annoncé par S. Jean.* Je me suis contenté de sauter dans ma traduction les paroles de S. Cyrille, & le sens s'est trouvé lié.

H 4

Ἀλλ' ὅτι μὲν τῦτο περὶ Ἰησῦ Χριςῦ Φησιν Ἰωάννης, ὐδὲ αὐτὸς ἀντιλέγω. καί τοι δοκεῖ τισι τῶν δυσσεβῶν, ἄλλον μὲν Ἰησῦν εἶναι Χριςὸν, ἄλλον δὲ τὸν ὑπὸ Ἰωάννυ κηρυτ]όμενον Λόγον· ὐ μὴν ὕτως ἔχει. ὃν γὰρ αὐτὸς εἶναι Φησιν Θεὸν Λόγον, τῦτον ὑπὸ Ἰωάννυ Φησιν ἐπιγνωϑῆναι τῦ Βαπτιςῦ, Χριςὸν Ἰησῦν ὄντα. Σκοπεῖτε ἂν, ὅπως εὐλαβῶς, ἠρέμα, καὶ λεληθότως, ἐπεισάγει τῷ δράματι τὸν κολοφῶνα τῆς ἀσεβείας, ὕτω τε ἔςι πανῦργος καὶ ἀπατεών, ὥςε αὖθις ἀναδύε]αι προσιϑεὶς, Θεὸν ὐδεὶς ἑώρακε πώποτε, ὁ μονογενὴς Ὑιὸς, ὁ ὢν ἐν τοῖς κόλποις τῦ Πατρός, ἐκεῖνος ἐξηγήσα]ο.

πό‑

33 *Deum nemo vidit unquam: filius unigenitus existens*

Je ne veux point nier que Jean, Baptiste n'ait parlé de Jésus dans ces termes, quoique plusieurs irréligieux parmi vous, prétendent que Jésus-Christ n'est point le verbe dont parle Jean. Pour moi, je ne suis pas de leur sentiment: puisque Jean dit dans un autre endroit, que le verbe qu'il appelle Dieu, Jean-Baptiste a reconnu que c'étoit ce même Jésus. Remarquons actuellement avec combien de finesse, de ménagement, & de précaution se conduit Jean. Il introduit avec adresse l'impiété fabuleuse qu'il veut établir: il fait si bien se servir de tous les moyens que la fraude peut lui fournir, que parlant de rechef d'une façon ambiguë, il dit: 33 *Personne n'a jamais vu Dieu. Le fils unique, qui est au sein du pere, est celui qui nous l'a révélé.* Il faut que ce fils, qui est dans le

in sinu patris, ipse enarravit. Evang. Joan. cap. 1. v. 18. le texte grec est dans celui de Julien.

H 5

πότερον ἐν ἀτός ἐσιν ὁ Θεὸς Λόγος σὰρξ γενόμενος, ὁ μονογενὴς Υἱὸς, ὁ ὢν ἐν τοῖς κόλποις
τῇ Πατρὸς; καὶ εἰ μὲν αὐτὸς ὅνπερ οἶμαι, ἐθεάσαθε δήπᾰθεν καὶ ὑμεῖς Θεόν. ἐσκήνωσε γὰρ
ἐν ὑμῖν, καὶ ἐθεάσαθε τὴν δόξαν αὐτῆ· τί ἂν
ἐπιλέγεις, ὅτι Θεὸν ᾰδεὶς ἑώρακε πώποτε;
ἐθεάσαθε γὰρ ὑμεῖς, εἰ καὶ μὴ τὸν Παῖέρα
Θεὸν, ἀλλὰ τὸν Θεὸν Λόγον. εἰ δὲ ἄλλος ἐσὶν
ὁ μονογενὴς Θεὸς, ἕτερος δὲ ὁ Θεὸς λόγος, ὡς
ἐγὼ τινῶν ἀκήκοα τῆς ἡμετέρας αἱρέσεως, ἔοικεν
ᾰδὲ Ἰωάννης αὐτὸ τολμᾶν ἔτι.

Ἀλλὰ τᾰτο μὲν τὸ κακὸν ἔλαβεν παρὰ Ἰω-
άννᾰ τὴν ἀρχὴν. ὅσα δὲ ὑμεῖς ἑξῆς προσευρήκα-
τε, πολλᾰς ἐπεισάγονῖες τῷ πάλαι νεκρῷ
τᾰς προσφάτᾰς νεκρὰς, τίς ἂν πρὸς ἀξίαν βδε-
λύξηῖαι; πάνῖα ἐπληρώσαῖε τάφων καὶ μνη-
μάτων,

le fein de fon Pere, foit ou le Dieu verbe, ou un autre fils. Or fi c'eft le verbe, vous avez néceffairement vu Dieu, puisque *le verbe a habité parmi vous, & que vous avez vu fa gloire.* pourquoi Jean dit - il donc, *que jamais perfonne n'a vu Dieu?* Si vous n'avez pas vu Dieu le Pere, vous avez certainement vu Dieu le verbe. Mais fi Dieu, ce fils unique, eft un autre que le *verbe Dieu*, comme je l'ai entendu dire fouvent à plufieurs de votre religion, Jean ne femble-t-il pas, dans fes difcours obfcurs, ofer dire encore quelque chofe de femblable, & rendre douteux ce qu'il dit ailleurs?

On doit regarder Jean comme le premier auteur du mal, & la fource des nouvelles erreurs que vous avez établies, en ajoutant au culte du Juif mort que vous adorez, celui de plufiers autres. Qui peut affez s'élever contre un pareil excès! Vous rempliffez tous les lieux de tombeaux, quoiqu'il

μάτων, καίτοι ἐκ εἴρηται παρ᾽ ὑμῖν ὐδαμῦ, τοῖς τάφοις προσκυλινδεῖϲϑαι κϑὴ περιέπειν αὐ7ὲς.

Εἰς τῦτο δὲ προεληλύϑατε μοχϑηρίας, ὥϲε οἴεϲϑαι δεῖν ὑπὲρ τὐτῦ μηδὲ τῶν γε Ἰησῦ τῦ Ναζωραίῦ ῥημάτων ἀκὐειν. ἀκὐε7ε ἔν ἃ Φησιν ἐκεῖνος περὶ τῶν μνημάτων· ἐϑὴ ὑμῖν, γϑαμμα-τεῖς κϑὴ Φαρισαῖοι ὑποκριταί, ὅτι παρομοιά-ζε7ε τάφοις κεκονιαμένοις· ἔξωθεν ὁ τάφος Φαί-νε7αι ὡϑαῖος, ἔσωθεν δὲ γέμει ὀϲέων νεκϑῶν κϑὴ πάσης ἀκαθαϑσίας. Εἰ τοίνυν ἀκαθαϑσίας

Ἰη-

34 Væ vobis fcribæ & pharifæi hypocritæ : quia adfi-milamini fepulcris dealbatis, quæ à foris quidem appa-rent fpeciofa, intus vero plena funt offibus mortuorum, & omni immunditia. Evangel. Matth. cap. 23. v. 27. Κύϱιε ἐπίτϱεψόν μοι πϱῶτον ἀπελθεῖν κϑὴ θάψαι τὸν πατέϱα μου. Ὁ δὲ Ἰησοῦς εἶπεν αὐτῷ, Ἀκολούθει μοι, κϑὴ ἄφες τοὺς νεκϱοὺς θάψαι τοὺς ἑαυτῶν νεκϱούς. *Domine permitte mihi primum abire, & fepelire patrem meum, ait Jefus illi, fequere me, & permitte mortuos fepelire fuos mortuos.* „Evang. Matth. Cap. VIII. v. 21. „& 22.„ Combien n'a-t-on pas écrit, pour éclaircir

qu'il ne foit dit dans aucun endroit de vos
Ecritures, que vous deviez fréquenter & honorer les fépulcres.   Vous êtes parvenus à un
tel point d'aveuglement, que vous croyez fur
ce fujet, ne devoir faire aucun cas de ce que
vous a ordonné Jéfus de Nazareth.   Ecoutez ce qu'il dit des tombeaux. [34] *Malheur à*
vous, fcribes, pharifiens, hipocrites, parce-
que vous êtes femblables à des fépulcres re-
blanchis: au dehors le fépulcre paroît beau,
mais en dedans il eft plein d'offemens de morts,
& de toutes fortes d'ordures.   Si Jéfus dit que
les

cet endroit de l'Evangile? combien de chofes inutiles,
& plus inintelligibles que le texte de ce paffage, n'a-t-on
pas dites? combien de conjectures n'a-t-on pas faites, fans
jamais rien dire de paffable? en effet, qui peut comprendre, fans être infpiré divinement, ce que veut dire *des morts qui enterrent leurs morts?* Il y a bien
d'autres endroits dans l'Ecriture, qui ne font ni plus
clairs, ni mieux interprétés; il a plu à Dieu d'en
rendre le fens obfcur: faut il donc fe tuer, s'égorger,
bouleverfer fa patrie & celle de fes voifins, pour l'explication de chofes qu'on ne fauroit comprendre?

Ἰησῦς ἔφη εἶναι πλήρεις τὲς]άφες, πῶς ὑμεῖς
ἐπ' αὐ]ῶν ἐπικαλεῖοθε τὸν Θεὸν; Προσεπά-
γει δὲ τύτοις, ὅτι κα μαθη]ῦ τινος λέγοντος·
Κύριε, ἐπίτρεψόν μοι πρῶτον ἀπελθεῖν, κα θάψαι τὸν πα]έρα με. αὐ]ὸς ἔφη· ἀκολύθει μοι,
κα ἄφες τὲς νεκρὲς θάπ]ειν τὲς ἑαυ]ῶν
νεκρύς.

Τύτων ὂν ὕτως ἐχόν]ων, ὑμεῖς ὑπὲρ τίνος
προςκυλινδεῖοθε τοῖς μνήμασι; ἀκῦσαι βύ-
λεοθε τὴν αἰτίαν; ὑκ ἐγώ φαίην ἂν, ἀλλ'
Ἠσαΐας ὁ προφήτης· ἐν τοῖς μνήμασι κα ἐν τοῖς

σπη·

35 *Qui demeurent auprès des sépulcres, & passent la
nuit dans des tombeaux.* Il y a un nombre de variantes sur ce passage. Le texte hébreu dit:

הישבים בקברים
ובנצורים ילינו

*Qui sedent in sepulcris & in locis desertis pernoctant, qui
demeurent auprès des sépulcres & passent la nuit dans des
lieux deserts.* Les Septante traduisent différemment

les sépulcres ne font que le réceptacle des im-
modices & des ordures, comment pouvez-
vous invoquer Dieu sur eux? Voyez ce
que Jésus répondit à un de ses Disciples,
qui lui disoit: *Seigneur, permettez avant
que je parte, que j'ensevelisse mon Pere.* Sui-
vez-moi, répliqua Jésus, *& laissez aux morts
à enterrer leurs morts.*

Cela étant ainsi, pourquoi courez-vous
avec tant d'ardeur aux sépulcres? voulez-vous
en savoir la cause? je ne la dirai point, vous
l'apprendrez du Prophete Esaïe: *Ils dorment
dans les sépulcres & dans les cavernes, à cause
des songes.* 35 On voit clairement par ces paroles,

ἐν τοῖς μνήμασι, καὶ ἐν τοῖς σπηλαίοις κοιμῶνται διὰ ἐνύπνια.
Esaïe Cap. 65. v. 4. Qui dorment dans des tombeaux
& dans des cavernes pour les songes. Castillon traduit
ainsi ce passage; *Qui manent apud sepulcra & ad tumulos
pernoctant,* qui demeurent auprès des sépulcres, & passent la nuit dans les tombeaux. Le Ministre David Martin, dans sa Traduction de la Bible, a suivi le texte
hébreu, *qui se tiennent dans les sépulcres, & passent la*

σπηλαίοις κοιμῶνται δὶ ἐνύπνια. Σκοπεῖτε ἔν,
ὅπως παλαιὸν ἦν 7ᾶτο τοῖς Ἰϫδαίοις τῆς μαγγανείας τὸ ἔργον, ἐγκαθεύδειν τοῖς μνήμασιν,
ἐνυ-

nuit dans des lieux défolés. De tous ces différents textes, il n'y a que celui des Septante, qui dife la raifon
pour laquelle les gens dont parle Efaïe, dormoient
dans les fépulcres ; c'étoit pour fe procurer des fonges,
διὰ ἐνύπνια *à caufe des fonges.* Cela paroît naturel ;
mais qui empêcheroit un controverfifte de dire (le texte hébreu ne frifant aucune mention *des fonges,*) que
ces gens, qui habitoient auprès des Tombeaux, paffoient la nuit dans des fépulcres, non pas pour dormir
& *avoir des fonges,* mais pour faire des enchantemens,
& pour évoquer les mânes des morts? un autre Théo-
logien ne pourroit-il pas foutenir, que ces hommes,
dont parle Efaïe, ne paffoient les nuits dans des Tombeaux, que pour s'y mettre à couvert des recherches
qu'on faifoit contr' eux, à caufe des crimes qu'ils auroient commis? Le texte hébreu favoriferoit cette opinion : car il dit, *qui paffent la nuit dans des lieux déferts.*
Si ces variantes fe trouvoient dans un paffage, qui re-
gardât un point de Doctrine en difpute entre les Pro-
teftans & les Catholiques, les beaux volumes qu'on
pourroit faire fur ce fujet! Il y auroit-là de quoi faire
périr cent mille hommes. Les différents Théologiens
entendirent-ils plus clairement la moitié des paffages,
qui cauferent la S. Barthélemi?

roles, que c'étoit un ancien ufage chez les Juifs, de fe fervir des fépulcres, comme d'un efpece de charme & de magie, pour fe procurer

Les hommes ne cefferont-ils donc jamais de s'égorger pour des opinions qu'ils n'entendent pas? Ne devroient-ils pas faire attention que toutes les vérités que Dieu a crues néceffaires au bonheur des hommes, il les leur a fait connoître d'une maniere évidente? Et quant aux autres qui font expliquées différemment; puifqu'elles n'ont pas cette évidence, il eft vifible que Dieu n'en a pas jugé l'éclairciffement d'une affez grande néceffité, pour les rendre auffi manifeftes que les premieres. Pourquoi donc voulons-nous nous détruire les uns & les autres, pour exécuter ce que Dieu n'a pas voulu faire? D'où vient ne nous efforçons-nous pas au contraire, d'établir des loix fixes & raifonnables qui nous obligent à nous fupporter les uns & les autres, & qui empéchent les efprits inquiets & ambitieux, de chercher à s'élever fur les ruines de la fociété, en violentant ceux qui ne penfent pas comme eux?

Si l'on examine avec un efprit philofophe, que chaque fecte fe préfere aux autres, parce qu'elle eft perfuadée qu'elle eft la meilleure; & fi l'on confidere encore avec le même défintéreffement que toutes les religions s'entre-reprochent certains dogmes, de la fauffeté defquels elles font intimement perfuadées; l'on verra que non feulement la charité, mais que la raifon

ἐνυπνίων χάριν. ὃ δὴ καὶ τὰς Ἀποσόλας ὑμῶν
εἰκός ἐςιν μεῖα τὴν τῦ διδασκάλα τελευῖὴν
ἐπιτηδεύσαντας, ὑμῖν τε ἐξ ἀρχῆς παραδῦναι
τοῖς

l'humanité demande qu'elles se supportent les unes
& les autres. „Toutes les religions, *dit le sage Char-*
„*ron,* ont cela qu'elles sont étranges & horribles au
„sens commun; car elles proposent, & sont bâties &
„composées de pieces desquelles les unes semblent au
„jugement humain basses, indignes, & messéantes, dont
„l'esprit un peu fort & vigoureux s'en moque; ou bien
„trop hautes, esclatantes, miraculeuses, mistérieuses,
„où il ne peut rien connoître, dont il s'en offense. Or
„l'esprit humain n'est capable que des choses médio-
„cres; il méprise & dédaigne les petites, s'étonne &
„se transit des grandes; dont n'est de merveilles s'il
„se rend difficile à recevoir du premier coup toute reli-
„gion, où il n'y a rien de médiocre & de commun; &
„faut qu'il soit induit par quelque occasion. Car s'il
„est fort, il la dédaigne & l'a en risée; s'il est foible &
„superstitieux, il s'en étonne, & s'en scandalise. „

Charron ne montre pas seulement les difficultés
que les différentes religions rencontrent dans l'esprit
des hommes, soit qu'ils soient sçavans & éclairés,
soit qu'ils ne le soient pas: mais ce philosophe remarque judicieusement que la persécution vient toujours des religions qui prétendent être plus anciennes
que les autres, comme si l'ancienneté qui ne donne

curer des fonges. Il eft apparent que vos
Apôtres, après la mort de leur Maître, fuivi-
rent cette coutume, & qu'ils l'ont tranfmife

à

jamais le droit à une opinion d'être regardée comme
véritable chez tous les gens fages, pouvoit autorifer
une coûtume qui depuis fi longtems a été funefte au
genre humain. „Les religions *dit Charron*, naiffent
„l'une après l'autre: la plus jeune bâtit toujours fur fon
„aifnée, & prochaine, & précédente; laquelle elle
„n'improuve, ni ne condamne de fond en comble;
„autrement elle ne feroit pas ouïe, & ne pourroit
„prendre pied; mais feulement l'accufe ou d'imper-
„fection, ou de fon terme fini, & qu'à cette occafion
„elle vient pour lui fuccéder & la parfaire; & ainfi la
„ruine peu à peu, & s'enrichit de fes depouilles:
„comme la judaïque qui a retenu plufieurs chofes de
„la gentile égyptienne fon aifnée; ne pouvant ce peu-
„ple hébreu être fi tôt fevré & nétoyé de fes coutû-
„mes: la chrétienne bâtie fur les vérités & promef-
„fes de la Judaïque; la Mahométane fur toutes les
„deux, retenant prefque les vérités de Jéfus-Chrift,
„fauf la prémiere qui eft fa divinité; tellement que
„pour fauter du Judaïfme au Mahométifme, il faut
„paffer par le Chriftianifme; & fe font trouvés Ma-
„hométans qui fe font expofés aux tourmens pour
„foutenir des opinions chrétiennes, comme un Chré-
„tien feroit pour foûtenir celles du vieux Tefta-

τοῖς πρώτοις πεπιςευκόσι, καὶ τεχνικώτερον ὑμῖν αὐτοὶ μαγγανεῦσαι, τοῖς δὲ μετ᾽ αὐτὰς ἀποδεῖξαι δημοσίᾳ τῆς μαγγανείας ταύτης καὶ βδελυρίας τὰ ἐργαςήρια.

Ὑμεῖς δὲ ἃ μὲν ὁ Θεὸς ἐξ ἀρχῆς ἐϐδελύ. ξατο καὶ διὰ Μωσέως καὶ τῶν Προφητῶν, ἐπι τηδεύετε. προσάγειν δὲ ἱερεῖα ϐωμῷ καὶ Θύειν

„ment. Mais les vieilles & aiſnées religions con-
„damnent tout à fait & entièrement les jeunes, & les
„tiennent pour ennemies capitales: *Charron, de la*
„*ſageſſe,* liv. 2. pag. 383.

Ceux qui ne trouvent pàs dans ce paſſage de Charron, un ample matiere a réflexions, méritent d'être plaints: mais ceux qui après en avoir ſenti la vérité, continuent de ſoutenir le dogme de l'intolérance, doivent être regardés comme le fléau du genre humain; puiſqu'ils veulent qu'on tiranniſe des perſonnes qui ne ſont coupables d'aucun crime, & qui ſuivent dans la pureté de leur conſcience, des opinions qu'elles ont ſucées, pour ainſi dire, avec le lait. „La nation, „*dit encore Charron,* le pays, le lieu donne la religion: „l'on eſt de celle que le lieu & la compagnie où l'on „eſt né, tient. L'on eſt circoncis, baptiſé, Juif, &

à vos ancêtres, qui ont employé cette efpece
de magie beaucoup plus habilement que ceux
qui vinrent après eux, qui expoferent en pu-
blic les lieux, &, pour ainfi dire, les laboratoi-
res où ils fabriquoient leurs charmes.

Vous pratiquez donc ce que Dieu a défendu, foit par Moïfe, foit par les Prophetes. Au contraire, vous craignez de faire

ce

„Chrétien, avant que l'on fache que l'on eft homme; la
„religion n'eft pas de notre choix & élection: l'homme
„fans fon fceu, eft fait Juif ou Chrétien, à caufe qu'il
„eft né dans la juiferie où Chrétienneté. Que s'il fût
„né ailleurs, dedans la gentilité ou le Mahométifme,
„Il fût été de même gentil, ou Mahométain.„ Il y a
autant de cruauté à perfécuter un homme qui n'eft
pas de notre religion, & à vouloir la lui faire em-
braffer par force, qu'il y en auroit à prétendre qu'un
homme doit être perfécuté parce qu'il eft né avec
beaucoup d'embonpoint; & qu'il faut le contraindre à
devenir maigre. La religion eft auffi ancienne dans
l'homme que fa configuration, puifqu'il reçoit l'un &
l'autre en naiffant, & que dès le moment qu'il refpire,
ceux qui l'ont formé décident de fa religion.

Θύειν παρητήσαϑε. πῦρ γὰρ, φησὶν, ἒ κάτει-
σιν, ὥσπερ ἐπὶ Μωσέως, τὰς ϑυσίας ἀναλίσ-
κεν. ἅπαξ τᾶτο ἐπὶ Μωσέως ἐγένετο, κỳ
ἐπὶ Ἡλίᾳ τῷ Θεσϐίτῃ πάλιν, μετὰ πολλὰς
χρόνᾳς. ἐπεὶ ὅτι γε πῦρ ἐπείσακτον αὐτὸς ὁ
Μωσῆς εἰσφέρειν οἴεται Χρῆναι, κỳ Αϐραὰμ
ὁ πατριάρχης ἔτι πρὸ τᾶτᾳ, δηλώσω διὰ
βραχέων. Ἀπομνημονεύσας δὲ τῆς ἐπί γε
τῷ

---

36 Voici le feul endroit où Julien abandonne la philofophie de Platon; & dans tout ce que ce Prince dit
des facrifices, aux quels il étoit fort attaché, il n'y a
rien qui reffemble à l'opinion que Platon avoit de ces
mêmes facrifices, qu'il regardoit comme fort indifférens
à la divinité. „Quelle eft, *difoit-il*, l'utilité que les
„Dieux retirent de nos préfens? perfonne ne peut igno-
„rer les biens qu'ils nous font; car il n'eft rien qui
„nous foit profitable, qu'ils ne nous accordent: mais
„quant à ce qu'ils reçoivent de nous, à quoi peuvent-ils
„s'en fervir? Nous faifons avec eux un commerce par
„lequel nous reçevons toute forte d'avantages, & eux
n'en retirent aucun de nous.„ Τίς ἡ ὠφέλεια τοῖς

ce qu'il a ordonné par ces mêmes Prophetes:
vous n'ofez facrifier & offrir des victimes fur
les autels. 36 Il eft vrai que le feu ne defcend
plus du ciel, comme vous dites qu'ils defcendit du tems de Moïfe, pour confumer la
victime; mais cela, de votre aveu, n'eft arrivé qu'une fois fous Moïfe, & une autre
fois longtems après, fous Elie, natif de Tesbe;
d'ailleurs je montrerai que Moïfe a crû
qu'on devoit apporter le feu d'un autre lieu,

&

Θεοῖς ἵνα ἀπὸ τῶν δώρων ἂν παρ᾽ ἡμῶν λαμβάνω-
σιν, ἃ μὲν γὰρ διδόασι παντὶ δῆλον ἐδὲν γὰρ ἐςιν
ἡμῖν ἀγαθὸν ὅ, τι ἂν μὴ ἐκεῖνοι δῶσιν. ἃ δὲ παρ᾽
ἡμῶν λαμβάνουσι, τί ὠφελῶνται; ἢ τοσῦτον αὐτῶν
πλεονεκτῦμεν κατὰ τὴν ἐμπορίαν, ὥςε πάντα τὰ ἀγα-
θὰ παρ᾽ αὐτῶν λαμβάνομεν, ἐκεῖνοι δὲ παρ᾽ ἡμῶν ἐδέν.
*Quænam diis ex muneribus noftris utilitas? nam quæ
ipfi dent nemo eft qui ignoret, nihil enim nobis eft bonum
quin illi præbeant: quæ vero a nobis accipiunt, quid
illis conferunt? an tanto ipfis in hac mercatura præfta-
mus, ut cum nos omnia ab illis bona fufcipiamus, ipfi
nihil a nobis boni reportent.* Plat. in Euthyph.

I 4

τῷ Ἰσαὰκ ἱσορίας, δέχεται πάλιν εἰς παρά-
δειγμα τὰς ἀμφὶ τόν Ἄβελ, καὶ δὴ καί φησιν,
ὡς κᾀκεῖνοι θύοντες, ὐκ ἐξ ὐρανῦ μᾶλλον ἐχή-
κασι πῦρ, ἀλλ᾽ ἔξωθεν αὐτοὶ προσεκομίζοντο
τοῖς βωμοῖς. Πολυπραγμονεῖ δὲ πρὸς τάτῳ,
τίς ὁ ἐπ᾽ ἀμφοῖν ἐςὶ λόγος. τὴν μὲν γὰρ τᾶ
Ἄβελ θυσίαν ἐπαινεῖ Θεὸς, ἀπαράδεκτον δὲ
τὴν τᾶ Κάϊν ἐποιήσατο. καὶ ὅτι ἀν ἔλοιῖο δηλῶν
τὸ, ὐκ, ἀν ὀρθῶς προσενέγκῃς, ὀρθῶς δὲ μή διέλῃς,
ἥμαρτες; ἡσύχασον. πειρᾶται δὲ λόγον ἐφαρ-
μότῖειν τοιόνδε τινα τοῖς θεωρήμασιν. ζῶντι
γὰρ, φησὶ, τῷ Θεῷ θυμηρεσέρα πάντως ἡ διὰ
ζώων ἐςὶ θυσία, τῆς ἐξ ὠρίμων καὶ ἀπὸ γῆς.

Καὶ

---

37 *A l'histoire du sacrifice d'Isaac* &c. Je n'ai point
voulu ici interrompre la narration de Julien: mais elle
l'est dans le texte grec que S. Cyrille abrege. *Après*,
dit-il, *que Julien a rapporté l'histoire d'Isaac, il cite
de nouveau l'exemple d'Abel; & il dit, que lorsqu'il sa-*

& que le Patriarche Abraham avoit eu long-tems avant lui le même sentiment. [37] A l'histoire du sacrifice d'Isaac, *qui portoit lui-même le bois & le feu,* je joindrai celle d'Abel, dont les sacrifices ne furent jamais embrasés par le feu du Ciel, mais par le feu qu'Abel avoit pris. Peut-être seroit-ce ici le lieu d'examiner, par quelle raison le Dieu des Hébreux approuva le sacrifice d'Abel, & réprouva celui de Caïn; & d'expliquer en même tems ce que veulent dire ces paroles, *si tu offres bien & que tu divises mal, n'as tu pas péché?* Quant à moi, je pense que l'offrande d'Abel fut mieux reçue que celle de Caïn, parceque le sacrifice des victimes est plus digne de la grandeur de Dieu, que l'offre des fruits de la terre.

Ne

---

crifioit, il n'avoit point employé le feu du Ciel, mais qu'il l'avoit pris ailleurs. Ensuite le même Julien examine par quelle raison Dieu approuva le sacrifice d'Abel, & réprouva celui de Caïn.

Καὶ ὂ τᾶτο μόνον, ἀλλὰ καὶ τῶν υἱῶν
Ἀδὰμ ἀπαρχὰς τῷ Θεῷ διδόν]ων, ἐπεῖδεν ὁ
Θεὸς, φησὶν, ἐπὶ Ἄβελ, καὶ ἐπὶ τοῖς δώροις αὐ]ᾶ,
ἐπὶ δε Κάιν καὶ ἐπὶ ταῖς θυσίαις αὐ]ᾶ ὂ προσ-
έχεν. καὶ ἐλύπησε τὸν Κάιν λίαν, καὶ συνέπεσε τὸ πρόσωπον αὐτᾶ. καὶ εἶπε Κύριος ὁ
Θεὸς τῷ Κάιν, ἵνα τί περίλυπος ἐγένᾶ, καὶ
ἵνα τί συνέπεσε τὸ πρόσωπόν σᾶ; ᾶκ, ἐὰν ὀρθῶς προσενέγκῃς, ὀρθῶς δὲ μὴ διέλῃς, ἥμαρ]ες;
Ἀκᾶσαι ᾶν ἐπιποθεῖτε, τίνες ᾖσαν αὐτῶν αἱ

προσ-

38 Genef. chap. IV. vers 3 & feq. Il y a, dans ce paffage de la Bible, une grande différence entre la verfion
des Septante & prefque toutes les autres, qui difent:
*Si tu fais bien, ne fera-t-il pas reçu? Mais fi tu ne
fais pas bien, le péché eſt à ta porte.* traduct. de Martin.
La Vulgate eſt affez conforme à cette traduction françoife: *nonne ſi bene egeris recipies, ſi autem male, ſtatim in foribus peccatum aderit:* mais la verfion des
Septante s'éloigne de toutes les autres, & dit: ſi tu of-

Ne confidérons pas feulement ce premier paſſage; voyons en d'autres qui ont rapport aux prémices offertes à Dieu par les enfans d'Adam. *Dieu regarda Abel & fon oblation; mais il n'eut point d'égard à Caïn, & il ne confidéra pas fon oblation. Caïn devint fort trifte, & fon vifage fut abattu. Et le Seigneur dit à Caïn; pourquoi es-tu devenu trifte, & pourquoi ton vifage eft-il abattu? Ne péches-tu* [38] *pas, fi tu offres bien & que tu ne divifes pas bien?* Voulez vous favoir quelles étoient les oblations d'Abel & de Caïn? *Or il ariva, après quelques jours, que Caïn préfenta au Seigneur*

fres bien & que tu ne divifes pas bien, n'as-tu pas péché? οὐκ ἐάν ὀρθῶς προσενέγκῃς ὀρθῶς δὲ μή διέλῃς ἥμαρτες; Parmi ces textes différens, Julien ayant fuivi celui des Septante, qui paroît fort obfcur, a formé au fujet de fon explication, les difficultés dont il parle. Heureufement l'on n'a pas befoin de ce verfet de la Genefe, pour établir quelque article de foi mis en controverfe: quel abondant fujet de difputes, de difcorde, de haine, & de perfécution, n'y trouveroit-on pas!

προσφοραί; καὶ ἐγένετο μεθ ἡμέρας, ἀνήνεγκε Κάϊν ἀπὸ τῶν καρπῶν τῆς γῆς θυσίαν τῷ Θεῷ. καὶ Ἄβελ ἤνεγκε καὶ αὐτὸς ἀπὸ τῶν πρωτοτόκων προβάτων, καὶ ἀπὸ τῶν στεάτων αὐτῶν. Ναί, φησιν, ὖ τὴν θυσίαν, ἀλλὰ τὴν διαίρεσιν ἐμέμψατο, πρὸς Κάϊν εἰπών· ἒκ, ἂν ὀρθῶς προσενέγκης, ὀρθῶς δὲ μὴ διέλης, ἥμαρτες; τοῦτο ἔφη τις πρὸς ἐμὲ τῶν πανσόφων Ἐπισκόπων. ὁ δὲ ἠπάτα μὲν ἑαυτὸν πρῶτον, εἶτα δὲ καὶ τοὺς ἄλλους. ἡ γὰρ διαίρεσις μεμπτὴ κατὰ τίνα τρόπον ἦν, ἀπαιτούμενος, ἐκ εἶχεν ὅπως διεξέλθῃ, οὐδὲ ὅπως πρὸς ἐμὲ ψυχρολογήσῃ. Βλέπων δὲ αὐτὸν ἐξαπορούμενον, αὐτὸς τοῦτο εἶπον· ὃ σὺ λέγεις, ὁ Θεὸς ὀρθῶς ἐμέμψατο. τὸ μὲν γὰρ τῆς προθυμίας ἴσον ἦν ἐπ᾽ ἀμφοτέρων, ὅτι δῶρα ὑπέλαβον

gneur *les prémices des fruits de la terre, & Abel offrit auſſi les premiers nés de ſon troupeau & leur graiſſe.* Ce n'eſt pas le ſacrifice, diſent les Galiléens, mais c'eſt la diviſion que Dieu condamna, lorſqu'il adreſſa ces paroles à Caïn: *N'as tu pas péché, ſi tu as bien offert & ſi tu as mal diviſé.* Ce fut là ce que me répondit à ce ſujet un de leurs Evêques, qui paſſe pour être un des plus ſages. Alors l'ayant prié de me dire, quel étoit le défaut qu'il y avoit eu *dans la diviſion* de Caïn, il ne put jamais le trouver, ni donner la moindre réponſe un peu ſatisfaiſante & vraiſemblable. Comme je m'apperçus qu'il ne ſavoit plus que dire: il eſt vrai, lui répondiſje, que Dieu a condamné, avec raiſon, ce que vous dites qu'il a condamné: la volonté étoit égale dans Abel & dans Caïn; l'un & l'autre penſoient qu'il falloit offrir à Dieu des oblations; mais quant à la diviſion, Abel atteignit au but, & l'autre ſe trompa. Comment

cela

λαβον χρῆναι καὶ θυσίας ἀναφέρειν ἀμφότεροι

τῷ Θεῷ. περὶ δὲ τὴν διαίρεσιν ὁ μὲν ἔτυχεν,

ὁ δὲ ἥμαρτε, τῦ σκοπῦ. καὶ πῶς ἢ τίνα τρό-

πον;

3º Les chofes animées font plus dignes d'être offertes, que les inanimées, au Dieu vivant, τιμιώτερα δὲ τῶν ἀψύ-χων ἐςὶ τὰ ἔμψυχα τῷ ζῶντι καὶ ζωῆς αἰτίῳ Θεῷ. L'opinion que Julien établit dans cet endroit, & dont il étoit très perfuadé, fut la caufe de cette quantité de victimes, qu'il immola aux Dieux. Amian Marcellin, qui loue la clémence, la valeur, l'amour pour les fciences, la charité, la chafteté, la libéralité de Julien; fe moque de fa fuperftition, qui lui fit dépeupler le monde de bœufs, par le grand nombre de facrifices qu'il offrit. Le même Amian Marcellin dit que, fi Ju-lien fût revenu de la guerre contre les Perfes, il n'y auroit pas eu dans tout l'Empire, affez de geniffes blan-ches. Quant au prétendu facrifice d'une femme, qu'on l'accufe d'avoir fait, & dont le corps fut trouvé pendu dans un Temple qui avoit été muré, & qu'on ouvrit après fa mort; c'eft un conte inventé par quelques mi-férables Moines, qui dans leurs ouvrages méprifables, au lieu d'écrire l'hiftoire, l'ont entierement corrom-pue. Aucun bon hiftorien n'a fait mention d'un pareil crime. Eutrope, qui quelque tems après la mort de Julien, offrit à un Empereur Chrétien l'abrégé de l'hi-

cela arriva-t-il, me demanderez-vous? Je
vous répondrai que parmi les chofes ter-
reftres les unes font animées, & les autres font
privées de l'ame : les chofes animées [39] font

plus

---

ftoire univerfelle, qu'il avoit compofé ; ne craignit pas
de comparer Julien à Marc Aurele, & de dire qu'il en
avoit eu toutes les vertus. *Marco Antonino non abfi-
milis, quem etiam æmulari ftudebat.* „Eutrop. Bre-
„viar. lib. X. cap. IX.„ Comment Eutrope eût-il ofé
louer auffi fortement Julien, dans un livre qu'il adref-
foit à Valens, & qu'il écrivoit par fon ordre; fi ce
même Julien avoit été capable de faire facrifier des victimes humaines, ce qui étoit en horreur aux Romains,
& qu'ils abolirent chez tous les Peuples qu'ils foumi-
rent, entr'autres chez les Cartaginois, & chez les Gaulois ? Ajoutons à cela qu'Eutrope condamne cet Empereur d'avoir trop recherché ce qui pouvoit nuire aux
Chrétiens, & qu'il obferve que ce Prince n'ufa cependant jamais de la moindre cruauté à leur égard. *Ni-
mius religionis Chriftianæ infectator, perinde tamen ut
cruore abftineret.* „id. ib. lib. X. Cap. IX.„
 Il n'eft rien de fi dangereux pour la vérité, que de
confier le foin d'écrire l'hiftoire à des fanatiques, ou à
des perfonnes prévenues fans difcernement en faveur
d'un parti. Les Moines anciens & modernes ont inon-
dé l'Univers de fables & de miracles ridicules, capa-

πον; ἐπειδὴ γὰρ τῶν ἐπὶ γῆς ὄν7ων τὰ μέν
ἐσιν ἔμψυχα, τὰ δὲ ἄψυχα, τιμιώτερα δὲ τῶν
ἀψύ-

bles, s'il étoit poſſible, de détruire l'autenticité des vé‑
ritables. Ils ont calomnié les plus grands hommes,
lorſqu'ils n'ont pas été de leur religion; & ils ont ſanc‑
tifié tous les crimes des princes qui l'ont protégée.
C'eſt vouloir charger ſa mémoire d'une longue ſuite
de menſonges, que de lire de pareils hiſtoriens. D'un
autre côté, l'eſprit de parti a produit un mal auſſi con‑
traire à la vérité. Combien d'impoſtures, de calom‑
nies n'ont pas débitées, ſur Louis XIV, les Réfugiés
en Hollande? Ils ne ſe ſont pas contentés de rele‑
ver ſes défauts avec toute l'aigreur poſſible: mais ils
lui en ont imputé pluſieurs qu'il n'eut jamais. Je con‑
viens qu'ils avoient raiſon de ne pas l'aimer; mais la
dignité de l'hiſtoire ne demandoit‑elle pas qu'ils ne
la dégradaſſent point par de honteux menſonges? Les
écrivains Catholiques n'ont été ni plus juſtes ni plus
modérés. Quel torrent d'injures n'ont‑ils pas publiées
contre Guillaume III? le tems, qui découvre l'impo‑
ſture, rend, il eſt vrai, tous ces libelles mépriſables,
& les fait tomber dans l'oubli: il ſe trouve cependant,
dans tous les ſiecles, quelques fanatiques qui tâchent
de les faire revivre, & d'en compoſer de nouveaux.
Mais la vérité de l'hiſtoire ne peut jamais être ſup‑
primée à la poſtérité ni par la ſatire ni par la flatterie;
elle perce toûjours l'obſcurité dont on a voulu l'enve‑

plus dignes d'être offertes que les inanimées,
au Dieu vivant & auteur de la vie; parcequ'elles

lopper. Une foule immenfe d'auteurs eccléfiaftiques,
& même quelques hiftoriens profanes, ont déchiré la
mémoire de Julien; les vertus de ce Prince font aujourd'hui connues & louées de tous les gens qui ne
font point aveuglés par le fanatifme. Les mêmes hiftoriens qui ont voulu couvrir Julien d'opprobre, ont
tâché de déifier Conftantin; mais les actions affreufes
que commit ce Prince, font l'horreur de tous les gens
de bien, qui lui reprocheront fans ceffe d'avoir fait
étouffer fa femme, d'avoir fait mourir fon fils, fon beau
frere, fon neveu, & un nombre d'autres perfonnes,
par jaloufie, ou par ambition. Lorfqu'un prince s'eft
fouillé d'un grand crime, les éloges de tous les auteurs contemporains payés pour la louer, font inutiles:
ceux qui viennent après les détruifent; le feul moyen
qui refte à un criminel, pour paroître innocent à la
poftérité, c'eft de pratiquer ce que Radamifte dit à fon
époufe, qu'il avoit voulu tuer par jaloufie.

  — — — *Viens moi voir déformais*
  A force de vertus effacer mes forfaits.

C'eft ainfi que Titus, en devenant l'amour du genre
humain, lorfqu'il fut Empereur, effaça entierement la
honte du meurtre d'un homme, qu'il fit tuer comme il
fortoit d'un fouper où il l'avoit invité.

ἀψύχων ἐςι τὰ ἔμψυχα τῷ ζῶν]ι καὶ ζωῆς
αἰτίῳ Θεῷ, καθὸ καὶ ζωῆς μετείληφεν, καὶ
ψυ

Avant de finir cette note, confidérons combien l'opinion de Julien fur la maniere dont il croyoit qu'il falloit honorer Dieu en répandant le fang des taureaux & des geniffes, étoit peu digne d'un philofophe tel que lui. Charron a bien fait fentir non feulement la fauffeté, mais le ridicule de ce fentiment que tous les peuples adopterent pendant fi longtems. „Toutes les „religions, *dit ce fage & profond génie*, ont leur ori-„gine & commencement petit, foible, humble; mais „peu à peu par une fuite & acclamation contagieufe „des peuples, avec des fictions mifes en avant, ont „pris pied, & fe font autorifées, tellement que toutes „font tenues avec affirmation & dévotion, voire les plus „abfurdes. Toutes tiennent & enfeignent que Dieu „s'appaife, fe flèchit, & gaigne par prieres, préfens, „vœux & promeffes, feftes, encens. Toutes croyent que „le principal & le plus plaifant fervice à Dieu, & puif-„fant moyen de l'appaifer & pratiquer fa bonne grace, „c'eft de fe donner de la peine, fe tailler, impofer & „charger de force befogne difficile & douloureufe; té-„moin par tout le monde, & en toutes les religions, „encore plus aux fauffes qu'aux vraies, au mahomé-„tifme qu'au chriftianifme; tant d'ordres, compag-„nies, hermitages, & confrairies deftinées à certains „& divers exercices fort pénibles, & de profeffion

les participent à la vie, & qu'elles ont plus
de rapport avec l'efprit. Ainfi Dieu favorifa
celui

„étroite, jufques à fe déchirer, & découper leurs
„corps, & penfent par la mériter beaucoup plus que
„le commun des autres, qui ne trompent en ces afflic-
„tions & tourmens comme eux; & tous les jours s'en
„dreffent de nouvelles: & jamais la nature humaine
„ne ceffera & ne verra la fin d'inventer des moyens
„de fe donner de la peine & du tourment; ce qui
„vient de l'opinion que Dieu prend plaifir & fe plait
„au tourment & défaite de fes créatures, la quelle
„opinion eft fondamentale des facrifices qui ont été
„univerfels par tout le monde, exercés non feulement
„fur ces bêtes innocentes que l'on maffacroit avec ef-
„fufion de leur fang, pour un précieux préfent à la
„divinité, mais (chofe étrange de l'yvreffe du genre
„humain,) fur les enfans, petits, innocens, & les
„hommes faits tant criminels que gens de bien. . . . .
„ . . . . les anciens Gaulois & Carthaginois immoloient
„à Saturne leurs enfans préfens, peres & meres: les
„Lacédémoniens mignardoient leur Diane en faifant
„foueter de jeunes garçons en fa faveur fouvent juf-
„ques à la mort: les Grecs, témoin le facrifice diphi-
„genia, les romains, témoins les deux decies; *quæ fuit*
„*tanta iniquitas Deorum ut placari pop. rom. non poffent*
„*nifi tales viri occidiffent.* . . . .
„Quelle aliénation de fens! penfer flatter la divi-

K 2

ψυχῆς οἰκειότερα· διὰ τῦτο τῷ τελείαν ωροσά-
γοντι θυσίαν ὁ Θεὸς ἐπηυφράνθη.

Νυνὶ δὲ ἐπαναληπτέον ἔτι μοὶ ωρὸς αὐτὰς·
διά τί γὰρ ὐχὶ ωεριἸέμνεδε; Παῦλος, φησὶν,
εἶπε ωεριτομὴν καρδίας, ἀλλ' ὐχὶ τῆς σαρκός
δεδόδαι, καὶ τῦτο εἶναι τῷ Ἀβρααμ, ὐ μὴν
ἔτι τὰ κατὰ σάρκα, ἔφη, καὶ ωιςεῦσαι τοῖς ὑπ'
αὐτῦ καὶ Πέτρυ κηρυἸΙομένοις λόγοις ὐκ εὐσε-
βέσιν. Ἄκυε δὲ πάλιν, ὅτι τὴν καἸὰ σάρκα
ωεριτομὴν ὁ Θεὸς λέγεἸαι δῦναι εἰς διαθήκην
καὶ εἰς τὸ σημεῖον τῷ Ἀβραάμ. καὶ αὕτη ἡ διαθήκη, ἣν διατηρήσεις ἀνὰ μέσον ἐμῦ καὶ
ὑμῶν.

„nité par inhumanité, payer la bonté divine par
„notre affliction, & fatisfaire à fa juftice par cruau-
„té. . . . . . D'où peut venir cette opinion &
„créance que Dieu prend plaifir au tourment, & en
„la défaite de fes œuvres, & de*l'humaine nature?
„Suivant cette opinion de quel naturel doit être Dieu?„
Charron de la fageffe liv. 2. pag. 382.

Qui peut en lifant les fages réflexions de Charron,
s'empécher de penfer à ce nombre d'hommes & de
femmes qui vivant dans des prifons qu'on a appellées
monafteres, ou convents, fe fouetent une partie de

celui qui avoit offert un facrifice parfait, &
qui n'avoit point péché dans la divifion.

Il faut que je vous demande, Galiléens,
pourquoi ne circoncifez-vous pas? Vous répondez: Paul a dit que la circoncifion du
cœur étoit néceffaire, mais non pas celle du
corps: felon lui celle d'Abraham ne fut donc
pas véritablement charnelle; & nous nous en
rapportons fur cet article, à la décifion de Paul
& de Pierre. Apprenez, Galiléens, qu'il eft
marqué dans vos Ecritures, que Dieu a donné
à Abraham la circoncifion de la chair, comme

un

l'année, pour honorer le Dieu de paix & de miféricorde; font couler leur fang dans certains jours à coups
de difciplines de fer, croyant que le créateur eft affa-
mé du fang répandu avec tant de douleur & de tourmens; & ajoutent les jeûnes & les macérations à ces
fupplices, ruinent leur fanté, fe procurent des maladies incurables, furpaffent l'extravagance de certains
Mufulmans qui croyent honorer leur prophete en muti-
lant leurs membres. Redifons ici avec Charron. *Selon l'opinion de ces gens-là, de quel naturel doit
être Dieu?*

ὑμῶν, καὶ ἀνὰ μέσον τῦ σπέρματός σὰ εἰς τὰς γενεὰς ὑμῶν, καὶ περιτμηθήσεσθε τήν σάρκα τῆς ἀκροβυσίας ὑμῶν καὶ ἔσαι ἐν σημείῳ διαθήκης ἀνὰ μέσον ἐμῦ καὶ σῦ, καὶ ἀνὰ μέσον ἐμῦ καὶ σπέρματός σὰ.

Ἐπιφέρει δὲ τύτοις, ὅτι καὶ αὐ]ὸς ὁ Χριςὸς τηρεῖσθαι δεῖν ἔφη τὸν νόμον ποτὲ λέγων· ὐκ ἦλθον καταλύσαι τὸν νόμον, ἢ τὰ προφήτας, ἀλλὰ πληρῶσαι· ποτέ δὲ αὖ ὃς ἐὰν λύσῃ μίαν τῶν ἐντολῶν τύτων τῶν ἐλαχίσων, καὶ διδάξῃ ὕτως τὰς ἀνθρώπυς, ἐλάχιςος κληθήσεται ἐν τῇ βασιλείᾳ τῶν ὐρανῶν. Ὅτε τοίνυν, φησὶν, ὅτι προσήκει τηρεῖν τὸν νόμον, ἀναμφισβήτως προσ]έταχε, καὶ τοῖς μίαν παραβαίνυσιν ἐντολὴν ἐπήρ]ησε δίκας, ὑμεῖς

---

[40] Ne putetis quoniam veni diffolvere legem, aut Prophetas; non veni diffolvere, fed adimplere. „Evang. „fecund. Matth. Cap. V. v. 17.„

un témoignage & une marque autentique. *C'eſt ici mon Alliance entre moi & vous, entre ta poſtérité dans la ſuite des générations. Et vous circoncirez la chair de votre prépuce ; & cela ſera pour ſigne de l'alliance entre moi & vous, & entre moi & la poſtérité.*

· Jéſus n'a-t-il pas ordonné lui-même d'obſerver exactement la Loi ? [40] *Je ne ſuis point venu, dit il, pour détruire la Loi & les Prophetes, mais pour les accomplir.* Et dans un autre endroit ne dit-il pas encore : [41] *Celui qui manquera au plus petit des préceptes de la Loi, & qui enſeignera aux hommes à ne pas l'obſerver, ſera le dernier dans le royaume du Ciel ?* Puisque Jéſus a ordonné expreſſément d'obſerver ſoigneuſement la Loi, & qu'il a établi des peines, pour punir celui qui péchoit

[41] *Qui ergo ſolverit unum mandatorum iſtorum minimorum, & docuerit ſic homines, minimus vocabitur in regno cœlorum. Qui autem fecerit & docuerit, hic magnus vocabitur in regno cœlorum.* „id. ib. v. 19.„

ὑμεῖς οἱ συλλήβδην ἁπάσας παραβεβηκότες,
ὁποῖον εὑρήσετε τῆς ἀπολογίας τὸν τρόπον;
ἢ γὰρ ψευδοεπήσει, φησὶν, ὁ Ἰησῦς, ἤγ᾽ ὑμεῖς
πάντη καὶ πάντως ὲ νομοφύλακες.

Ἡ περιτομὴ ἔσαι περὶ τὴν σάρκα σε, Φησίν. παρακύσαντες τύτυ, τὰς καρδίας, φασὶ,

περι-

---

42 *La Genèse dit, la circoncision sera faite sur la chair,*
Ἡ περιτομή ἔσαι περὶ τὴν σάρκα σε; Le texte [de
Julien recommence ici, & jusqu'à la fin de son ouvrage il n'y a plus de lacune. S. Cyrille qui réfute quelquefois avec beaucoup d'érudition les erreurs de Julien,
me paroît avoir donné des raisons très foibles de la
suppression de la circoncision par les premiers Chrétiens:
Nous examinerons d'abord ce que dit S, Cyrille à ce
sujet; ensuite nous rechercherons ce qui obligea les
Apôtres à ne plus pratiquer la circoncision. „Voyons,
„dit *S. Cyrille*, à quoi est bonne la circoncision charnelle,
„lorsque nous en rejetterons le sens mystique. S'il est
„nécessaire que les hommes circoncisent le membre qui
„sert à la procréation des enfans, & si Dieu désapprou-
„ve & condamne le prépuce; pourquoi dès le commen-
„cement ne l'a-t-il pas supprimé, & pourquoi n'a-t-il

choit contre le moindre commandement de
cette Loi; vous, Galiléens, qui manquez à
tous, quelle excufe pouvez-vous apporter
pour vous juftifier? Ou Jéfus ne dit pas la
vérité, ou bien vous êtes des déferteurs de
la Loi.

Revenons à la circoncifion. La Genefe
dit; [42] *la circoncifion fera faite fur la chair.*
Vous

„pas formé ce membre comme il croyoit qu'il devoit
„l'être? A cette premiere raifon de l'inutilité de la
„circoncifion, joignons en une autre. Dans tous les
„corps humains, qui ne font point gâtés & altérés par
„quelque maladie, on ne voit rien qui foit ou fuperflu
„ou qui y manque: tout y eft arrangé par la nature
„d'une maniere utile, néceffaire, & parfaite: & je penfe
„que les corps feroient défeftueux, s'ils étoient dépour-
„vus de quelques unes des chofes qui font, pour ainfi
„dire, innées avec eux. Eft-ce que l'Auteur de l'Uni-
„vers n'a pas connu ce qui étoit utile & décent? Eft-ce
„qu'il ne l'a point employé dans le corps humain, puif-
„que partout ailleurs il a formé les autres créatures
„dans leur état de perfeftion? Quelle eft donc l'utilité
„de la circoncifion? Peut être quelqu'un apportera,
„pour en autorifer l'ufage, le ridicule prétexte dont les

K 5

περιτεμνόμεϑα. πάνυ δέ. ἀδεὶς γὰρ παρ ὑμῖν

κα-

„Juifs & plufieurs Idolâtres fe fervent pour le
„foutenir: c'eſt afin, difent-ils, que le corps foit
„exempt de craſſe & de fouillure: il eſt donc né-
„ceſſaire de dépouiller le membre viril des tégu-
„mens qui le couvrent? Je ne fuis pas de cet avis.
„Je penfe que c'eſt outrager la nature, qui n'a rien
„de fuperflu & d'inutile. Au contraire, ce qui pa-
„roît en elle vicieux & déshonnete, eſt néceſſaire
„& convenable; furtout fi l'on fuit les impuretés
„charnelles; qu'on en fouffre les incommodités, com-
„me on fupporte celles de la chair, celles des chofes
„qui font la fuite de cette chair; & qu'on laiſſe couvert
„par le prépuce la fontaine d'où découlent les enfans:
„car il convient plûtôt de s'oppofer fermement à l'écou-
„lement de cette fontaine impure, & d'en arrêter le cours,
„que d'offenfer fes conduits par des feſtions & des cou-
„pures. La nature du corps, lors même qu'elle fort
„des loix ordinaires, ne fouille pas l'efprit. „

Avant d'examiner ce que dit S. Cyrille, je placerai
ici deux endroits, que je n'ai point traduits mot à mot
pour les rendre plus intelligibles. *Surtout fi l'on fuit les*
impuretés charnelles; qu'on en fouffre les incommodités
comme on fupporte celles de la chair, celles des chofes
qui font les fuites de la chair; & qu'on laiſſe couvert
par le prépuce la fontaine d'où découlent les enfans.
Πλὴν εἰ φεύγεσιν ἀραρότας σαρκικὰς ἀκαθαρσίας,
πῶς ἀνέχονται σαρκὸς, καὶ τῶν ἀπ' αὐτῆς, καὶ

Vous l'avez entierement fupprimée, & vous ré-

πηγῆς παιδοποιῦ τῆς ἴσω κεκρυμμένης. *Toutefois s'ils fuient décemment les charnelles impuretés, comme ils fupportent la chair & les chofes d'elle, & laiffent la fontaine, qui fait des enfans, cachée en dedans.* Voici le fecond paffage. *La nature du corps, lors-même qu'elle fort des loix ordinaires, ne fouille pas l'efprit,* ἀλλ' ὐ μιαίνει ψυχὴν ἡ τῷ σώματος φύσις, κἂν διὰ τῶν ἰδίων ἔρχοιτε νόμων. Cyril. id. ib. *Mais la nature du corps, lorfqu'elle fuit fes propres loix, ne pollua point l'ame.*

Venons actuellement à S. Cyrille. Il demande à quoi eft bonne la circoncifion fi l'on en ôte le fens myftique. Julien auroit pû lui répondre: à rien, fi vous voulez, mais il ne s'agit pas de cela: il s'agit de favoir fi le Dieu d'Abraham a ordonné à ce Patriarche la circoncifion, comme une marque éternelle & certaine de fon alliance entre lui & la poftérité de ce même Abraham. Il eft évident par l'Ecriture, que cela a été l'intention de Dieu, & qu'il s'eft expliqué là deffus de la maniere la plus claire & la plus forte. Moïfe renouvella, dans la fuite, la loi de la circoncifion dans celle qu'il établit par l'ordre de Dieu. Jéfus Chrift, qui nous a appris qu'il étoit venu pour accomplir, & non pas pour détruire la Loi, n'a jamais rien dit qui tendît à la fuppreffion de la circoncifion. Les Evangéliftes n'ont fait aucune mention de ce qu'il eût voulu interrompre l'ufage de cette cérémonie. Par quelle raifon dont les Chrétiens

κακᾶργος, ᾶδεὶς μοχθηρός. ᾶτω περιτέμνεσθε
τὰς

quelque tems après la mort de leur divin Législateur,
fe crurent-ils difpenfés de la pratiquer? S. Paul lui-
même, qu'on cite pour autorifer la ceffation de la circoncifion, la fit à fon difciple Timothée: il la crut donc
nécefaire. Pourquoi changea-t-il de fentiment dans
la fuite? fut-ce par une révélation? il ne dit point
qu'il en ait eu aucune à ce fujet: Fut-ce parcequ'il devint plus inftruit? il avoit donc été dans l'ignorance,
lorfqu'il étoit Apôtre, pendant un affez longtems.

La feconde raifon de S. Cyrille eût encore paru moins
convaincante que la premiere à Julien. La nature, dit
St. Cyrille, ne nous donne rien de fuperflu. Ce Pere
fe trompe évidemment: nous fommes très fouvent obligés de corriger la nature, & de réparer par l'induf-
trie les défauts qui fe trouvent dans fes productions. A
quoi reffembleroient des hommes, qui ne diminueroient-
jamais leurs cheveux & furtout leurs ongles? n'auroient-
ils pas l'air de bêtes féroces? & fi l'on ne coupoit pas à
beaucoup d'enfans l'extrémité du ligament membraneux
qui eft fous la langue, qu'on appelle le *filet* ou le
frein, quelle peine n'auroient-ils pas à parler? Pourquoi ne pourra-t-il pas fe trouver plufieurs fois une
néceffité de fendre la peau, qui enveloppe le gland de
la verge, comme il s'en trouve une de couper le ligament
membraneux qui gêne la langue? La nature eft fouvent
défectueufe dans la partie où fe fait la circoncifion,
comme elle l'eft dans la partie de la gorge qui eft fous

répondez: *Nous sommes circoncis par le cœur.*

Ain-

la langue. Julien auroit pû avancer avec certitude, que la circoncision dans les pays chauds, tels que l'Egypte, l'Ethiopie, l'Arabie, la Perse, une partie des Indes orientales; est une opération non seulement utile à la santé, mais même nécessaire. Car malgré l'abstinence des impuretés charnelles, il se forme toujours, par la grande transpiration, des ordures entre le gland & le prépuce, qui causent souvent de très dangereuses maladies, dans des climats où la chaleur rend les moindres inflammations dangereuses, surtout lorsqu'on ne peut les détruire dans leur commencement. C'est là la raison pourquoi les Egyptiens pratiquerent la circoncision longtems avant tous les autres Peuples.

Si l'on cherche l'origine des principaux usages des nations, on trouvera toujours que la différence des climats, & les maladies aux quelles on y est sujet, les ont presque tous fait établir. Dieu même, dans la loi qu'il donna aux Juifs par Moïse, eut égard à ces maladies. Il leur défendit les viandes qui pouvoient contribuer à la lepre; surtout le cochon, qui en est trés souvent attaqué, parce que les Juifs étoient fort sujets à cette maladie.

Après avoir montré la foiblesse des raisons de S. Cyrille, voyons la véritable cause qui engagea S. Paul & les premiers Chrétiens à ne pas continuer l'usage de la circoncision. Les premieres années après la mort de Jésus - Christ, ils la pratiquerent, puisque ce divin Législa-

τὰς καρδίας. καλῶς. Τηρεῖν ἄζυμα, καὶ ποιεῖν

teur ne l'avoit point interdite: d'ailleurs les Juifs auroient eu en horreur une religion, où l'on eût aboli la
circoncifion; & on les auroit par là éloignés de la véritable croyance, à la quelle il falloit tâcher de les ame-
ner. C'eſt ce qu'on voit clairement dans les Aĉtes des
Apôtres où il eſt dit: „Paul arriva à Derbe & à Lyſtre.
„Et il y avoit-la un Difciple nommé Timothée, fils
„d'une femme Juive fidele, mais d'un pere grec, le-
„quel avoit un bon témoignage des freres qui étoient
„à Lyſtre & à Iconie. C'eſt pourquoi Paul voulut qu'il
„allât avec lui; & l'ayant pris avec foi, il le circoncit
„à caufe des Juifs qui étoient en ce lieu-là, car ils fa-
„voient tous que fon pere étoit grec.„ Καὶ λαβὼν πε-
ριέτεμεν αὐτὸν, διὰ τοὺς Ἰϑδαίϑς τὰς ὄντας ἐν τοῖς
τόποις ἐκείνοις. Et affumens circumcidit eum propter
judæos exiſtentes in locis illis; ſciebant enim omnes patrem ejus quod græcus erat. „Aĉt. Apoſt. Cap. XVI. v. 3.„
On continua donc de circoncire parmi les Chrétiens.
Mais les Grecs & les Romains, ne pouvant fe foumettre
à une opération douloureufe, il fallut par la même raifon
qu'on la permettoit aux Juifs, en difpenfer les païens.
S. Paul, par une fageffe éclairée, fut le premier qui laiffa
la liberté de pratiquer la circoncifion ou de la fupprimer.
„Or il eſt vrai, dit-il, que la circoncifion eſt profitable,
„fi tu gardes la loi; mais fi tu es transgreffeur de la loi,
„ta circoncifion devient prépuce. Mais fi celui qui a
„le prépuce, garde les ordonnances de la loi, fon pré-

Ainfi donc chez vous, Galiléens, perfonne
n'eft

„puce ne lui fera-t-il point réputé pour circoncifion?„
St. Paul parle encore plus clairement fur la liberté d'être
circoncis ou de ne pas l'être. „La circoncifion *dit-il*,
„n'eft rien, & le prépuce auffi n'eft rien, mais l'obfer-
„vation des commandemens de Dieu.„ *Circumcifio nihil*
eft & præputium nihil eft, fed obfervatio mandatorum Dei.
Η' περιτομὴ ἐδέν ἐςι, καὶ ἡ ἀκροβυσία ἐδέν ἐςιν
ἀλλὰ τήρησις ἐντολῶν Θεῦ. Epift. 1 Cor. cap. 7. v. 19.
Circumcifio quidem enim prodeft, fi legem ferves; fi au-
tem transgreffor legis fis, circumcifio tua præputium
fačta eft. Si igitur præputium juftitias legis cuftodiet,
nonne præputium illius in circumcifionem reputabitur?
„Paul. Epift. ad Rom. cap. II. v' 65.„

Quelque tems après avoir permis également l'ufage
de la circoncifion & l'exception de cet ufage, les Chrétiens jugerent à propos de l'abolir entierement, parcequ'ils s'apperçurent que le Chriftianifme, qui faifoit
des progrès rapides chez les Païens, ne trouvoit que
très peu de partifans chez les Juifs; ils étoient endur-
cis dans leur opiniâtreté, & le petit nombre qui fut
converti n'exigeoit pas qu'on fît pour eux une regle
particuliere. On ne verra pas, après les Apôtres, un feul
Juif connu, ou par fon rang ou par fes talens, qui fe foit
fait chrétien. L'hiftorien Jofeph, qui fut celui qui fe
diftingua le plus par fes ouvrages, & qui fleurit peu de
tems après les Apôtres, vécut & mourut Juif. Mais un
nombre d'Ecrivains & de Philofophes célébres, grecs &

εῖν τὸ πάχα ἐ δυνάμεθα, φασίν, ὑπὲρ ἡμῶν
γὰρ

romains, embrafferent le Chriftianifme. S. Clément,
S. Ignace, S. Polycarpe; & après ces Peres Apoftoliques,
S. Juftin, Athénagore, Tatien, S. Irene, Tertulien,
Origene, Minutius Felix. Tous ces Ecrivains vécurent
dans le premier, dans le fecond, & au commencement
du troifième fiecle. Il eft étonnant de voir combien peu
les Juifs, au milieu des quels le myftere de la rédemption
par la croix de Chrift s'eft opéré, en ont profité. La dureté de leur cœur augmenta après la mort de Jéfus-
Chrift. Le peuple qui pendant fi longtems avoit été le
peuple chéri de Dieu, devint dans la fuite l'objet de
fon indignation : il l'eft encore aujourd'hui ; & depuis
la deftruction de Jérufalem, les Juifs répandus fur la
furfacè de l'Univers, effuient plus de maux, qu'ils n'en
ont effuyés dans leur captivité d'Egypte & de Babylone.
Cependant ils font fermement perfuadés, qu'ils font toujours le peuple de Dieu ; que toutes les autres nations
de la terre en font maudites, & qu'ils foumettront un jour
ces mêmes nations. Voilà une grande preuve de la
force des préjugés & de la puiffance de l'éducation ;
puifque les impreffions de la jeuneffe ont le pouvoir de
perfuader aux hommes que ce qu'ils croyoient autrefois
par le bien qu'ils en reçevoient, ils doivent le croire aujourd'hui par le mal qu'ils en reffentent. Les Juifs fe
regarderent avec raifon comme le Peuple chéri de Dieu,
lorfqu'ils étoient dans la Paleftine : actuellement qu'ils
en font exilés depuis l'Empereur Adrien ; c'eft fur leur

n'eft méchant, ou criminel: *vous êtes tous cir-*

banniffement qu'ils établiffent leur croyance ; leur retour en Judée, dont ils font fermement perfuadés, eft une des chofes qui les éloigne le plus du Chriftianifine. Après cela, rapportons nous en à ce que nous difent les hommes, lorsqu'ils n'ont d'autres raifons à nous donner, que les préjugés qu'ils ont reçus dans leur enfance, & les inftructions qu'ils ont eues de leurs Ancêtres!

Nous avons dit dans cette note, que les Egyptiens pratiquerent la circoncifion longtems avant les autres peuples : nous regardons cette opinion comme prouvée par le témoignage de tous les plus anciens hiftoriens. Hérodote dit que, „les Colches, les Egyptiens, & les „Ethiopiens étoient les feuls qui pratiquaffent de tout „tems la circoncifion ; que les Phoeniciens & ceux des „Syriens qui habitent dans la Paleftine, reconnoiffoient „qu'ils avoient pris cette cérémonie des Egyptiens.„ ὅτι μῶνοι πάντων ἀνθρώπων Κόλχοι καὶ Αἰγύπτιοι καὶ Αἰθίοπες περιτάμνονται ἀπ᾿ ἀρχῆς τὰ αἰδοῖα. Φοίνικες δὲ καὶ Σύροι οἱ ἐν τῇ παλαιςίνῃ. καὶ αὐτοὶ ὁμολογέουσι παρ᾽ Αἰγυπτίων μεμαθηκέναι. Herodot. Euterp. lib. 2. pag. 151. . . . . *quod foli omnium hominum Colchi & Ægyptii & Æthiopes ab initio pudenda circumcidunt, nam & Phœnices & Syri qui funt in palæftina didiciffe ab Ægyptiis & ipfi confitentur.* Diodore de Sicile dans le premier livre de fon hiftoire, rapporte la même chofe, & confirme le fentiment d'Hérodote : le plus illuftre des écrivains juifs, & celui qui

γὰρ ἅπαξ ἐτύθη Χριςός· εἶτα, ἐκώλυσεν ἐϑί-

ετy

avoit le mieux étudié leurs loi, leurs coutûmes & leurs cérémonies, fortifie le fentiment de ces hiftoriens. „On „fe moque *dit Philon*, de la circoncifion pratiquée par „nos ancêtres, quoy qu'elle ait été refpectée par d'au- „tres nations, & d'une façon particuliere dans l'Egypte, „qui excelle fur touts les lieux de l'Univers, par la „multitude & par la fageffe de fes habitans.„ Mais en- fin ce qui eft d'une bien plus grande importance que le témoignage de Philon, d'Hérodote & de Diodore de Sicile; c'eft celui de l'Ecriture même. Nous voyons dans le livre de Jofué, qu'après que ce général, collégue & compagnon de Moïfe, fut arrivé à Guifal, qu'il y eût fait circoncire tous ceux qui étoient nés dans le défert, & qui n'avoient pas reçu ce figne; l'Eternel lui dit, *aujourd'hui j'ai rejetté de deffus vous l'opprobre d'Egypte.* Comme qui diroit *j'ai ôté de vous ce prépu- ce qui vous rendoit abominable à l'Egypte même.* La traduction des Septante & celle de la vulgate favorifent cette interprétation. Καὶ εἶπε κύριος τῷ Ἰησοῖ υἱῷ Ναυῆ ἐν τῇ σήμερον ἡμέρᾳ ἀφεῖλον τὸν ὀνειδισμὸν Αἰγύπτᾳ ἀφ ὑμῶν. *Hodie abftuli opprobrium Ægypti a vobis.* lib. Jofue. cap. V. v. 9.

Le Prophete Jérémie met les Egyptiens à la tête de tous les peuples circoncis. *Les jours viennent, dit l'Eter- nel, que je vunirai tout circoncis ayant le prépuce, L'Egypte, & Juda, & Edom: & les enfans de Ham- mon, & Moab, & tous ceux qui font aux bouts des*

circoncis par le cœur. Fort bien: Mais les Azi-

coins habitans dans le désert. Ἰδὺ ἡμέραι ἔρχονται, λέγει κύριος, κỳ ἐπισκέψομαι ἐπὶ πάντας περιτετμημένας ἀκροβυσίας αὐτῶν, Ἐπ' Αἴγυπτον, ἐπὶ Ἰδυμαίαν κỳ ἐπὶ Ἐδὼμ, κỳ ἐπὶ υἰὰς Ἀμμὼν, κỳ ἐπὶ υἱὰς Μωάβ, κỳ ἐπὶ πάντα περικειρόμενον τὰ κατὰ πρόσωπον αὐτῦ, τὰς κατοικῦντας ἐν τῇ ἐρήμῳ. *Ecce dies veniunt dicit Dominus, & visitabo qui circumcisum habent præputium, super Ægyptum, & super Juda, & super Edom, & super filios Ammon, & super Moab, & super omnes qui attonsi sunt in coma, habitantes in deserto.* Le Pere Calmet qui ne veut pas que les Juifs aient pris des Egyptiens l'usage de la circoncision, traduit ce passage d'une maniere entierement différente de la version des Septante & de celle de la vulgate. Il prétend que l'Hébreu porte mot pour mot *je punirai l'incirconcis avec celui qui a la circoncision, les Juifs avec l'Egyptien.* D'où il conclut que le Juif étoit circoncis dans le tems de Jérémie, & que l'Egyptien ne l'étoit pas. Mais comment ce scavant Bénédictin a-t-il pû faire une traduction aussi éloignée du texte, que celle qu'il donne pour très fidele? Car il y a dans l'original hébreu mot à mot, *je visiterai tout circoncis dans le prépuce.* Or comment est-il possible de tirer de ces paroles celles que le Pere Calmet donne comme conformes à l'original: *Je visiterai tant celui qui est circoncis que celui qui est dans*

σιν ἄζυμα. καί τοι, μὰ τὰς Θεὰς, εἷς εἰμὶ τῶν

ἐκτρεπομένων συνεορτάζειν Ἰυδαίοις, ἀεὶ προσ-

κυνῶν τὸν Θεὸν Ἀβραὰμ, καὶ Ἰσαὰκ, καὶ Ἰα-

κὼβ. οἱ ὄντες ὗτοι Χαλδαῖοι, γένυς ἱερῦ καὶ

θευρ-

le prépuce. Avec de pareilles paraphrafes, l'on fait dire tout ce que l'on veut, à un auteur qu'on traduit.

Le chevalier Marfan, qui a compofé un excellent
ouvrage intitulé *chronicus canon Ægyptiacus*, ne doute
pas que les Juifs qui avoient pris des Egyptiens une
grande partie de leurs cérémonies, n'euffent encore imi-
té d'eux l'ufage de la circoncifion. Mr. Saurin qui a
cru devoir adopter l'opinion que les Juifs n'ont point
reçu la coutûme de la circoncifion des Egyptiens, convient de bonne foi, „que la queftion fur l'origine de
„la circoncifion a partagé les plus grands hommes, dont
„quelques uns ont foûtenu qu'elle a paffé des Egyp-
„tiens aux Juifs, & d'autres que c'eft des Juifs qu'elle
„a paffé aux Egyptiens.„ C'eft beaucoup que cet aveu
dans un homme qui foutenoit un fentiment qu'il recon-
noît avoir été rejetté par de très grands Ecrivains.
Mr. Saurin a ajouté enfuite; „un des hommes les plus
„verfés dans les recherches de ce genre, a trouvé la
„queftion fi obfcure & fi problématique, que quoiqu'il
„ait prononcé quelquefois fur des fujets plus douteux,

Azimes, mais la Pâque? Vous repliquez: nous ne pouvons point obferver la fête des Azimes, ni celle de la Pâque: Chrift s'eft immolé pour nous, une fois pour toutes; & il nous a défendu de manger des Azimes. Je fuis ainfi que vous, un de ceux qui condamnent les fêtes des

„& fur lefquels il auroit pû demeurer indéterminé, fans „encourir le reproche d'outrer le pyrrhonifme hiftori- „que; il n'a pourtant ofé porter de jugement définitif „fur celui-ci. Il s'eft contenté de rapporter dans les „fçavantes differtations qu'il a faites fur ce fujet, les rai- „fons de chaque parti, & il a laiffé fon lecteur dans la „liberté de fe ranger à celles qui lui paroîtroient les „mieux fondées.„ Nous laiffons à nos lecteurs le mê- me privilege que le grand homme que cite Mr. Saurin, a donné aux fiens: mais nous convenons qu'il nous paroît incroyable qu'un peuple auffi fameux, auffi atta- ché à fes anciennes coutûmes, méprifant autant la na- tion Juive, que le faifoient les Egyptiens; ait pris de cet- te même nation l'ufage de la circoncifion, que les prê- tres regardoient en Egypte comme un des actes effen- tiels de leur religion. J'aimerois prefque autant fou- tenir que c'eft des Pirates d'Alger & de Tunis, que les docteurs de Sorbonne ont pris les dogmes de l'exiften- ce de Dieu & de l'immortalité de l'ame.

θεχργικῶ, τὴν μὲν περιτομὴν ἔμαθον, Αἰγυπτίοις ἐπιξενωθέ]ες· ἐσεβάθησάν γε Θεὸν, ὃς
ἐμοὶ καὶ τοῖς αὐτὸν, ὥσπερ Ἀβραὰμ ἔσεβε, σε-
βομέ-

43 *Cependant j'adore le Dieu qu'adorerent Abraham,
Isaac, & Jacob, qui étant Caldéens & de race sacerdotale, après avoir voyagé chez les Egyptiens, en prirent l'usage de la circoncision.* Ἀεὶ προσκυνῶν τὸν Θεὸν
Ἀβραὰμ καὶ Ἰσαὰκ, καὶ Ἰακώβ. εἰ ὄντες ἔτοι Χαλδαῖοι, γένες ἱερᾶ, καὶ θεαργικῶ· τὴν μὲν περιτομὴν
ἔμαθον Αἰγυπτίοις ἐπιξεναθέντες. Quelques lecteurs
seront étonnés, que Julien dise qu'il adore le Dieu
qu'adorerent Abraham, Isaac & Jacob. C'est ce qu'il
faut expliquer. Les Egyptiens, les Payens grecs &
romains, ne croyoyent pas que les Caldéens fussent les
premiers Peres des Juifs; ils pensoient qu'ils descen-
doient d'une grande quantité de lépreux, qui furent
chassés de l'Egypte; & suivoient sur cela le sentiment
de tous les historiens Egyptiens, entr'autres de Mane-
thon & de Cheremon, qui prétendoient, que sous le
regne d'Aménophis, deux cens cinquante mille lépreux
avoient été bannis d'Egypte, & en étoient sortis sous
la conduite de Tisithen & de Peteseth; c'est à dire
sous Moïse & Aaron. Tacite entre dans un détail plus
circonstancié. „Beaucoup d'Auteurs, *dit-il*, s'accor-
„dent en ce point, que l'Egypte étant infectée de ladre-
„rie, le Roi Bocchoris par l'avis de l'oracle d'Ammon, les

des Juifs, & qui n'y prennent aucune part: [43]
cependant j'adore le Dieu qu'adorerent Abraham, Isaac, & Jacob, qui étant Caldéens, &
de race sacerdotale, ayant voyagé chez les
Egyp-

„chassa d'Egypte comme une multitude inutile & odieu-
„se, & leur ordonna d'aller habiter dans d'autres ter-
„res. Et comme ils étoient épars par les déserts, &
„avoient perdu tout courage, Moïse, un des bannis, leur
„conseilla de n'attendre aucun secours des Dieux & des
„hommes qui les avoient abandonnés, mais de le suivre
„comme un guide céleste qui les tireroit du danger.„
*Plurimi Auctores consentiunt, orta per Ægyptum tabe
quæ corpora fœdaret, regem Bocchorim, adito Ham-
monis Oraculo remedium petentem, purgare regnum,
& id genus hominum, ut invisum Diis, alias in terras
avehere jussum. Sic conquisitum collectumque vulgus,
postquam vastis locis relictum sit, cæteris per lacrimas
torpentibus, Mosen, unum exulum, monuisse, ne quam
Deorum hominumve opem exspectarent, ab utrisque de-
serti, sed sibimet ut duci cælesti crederent, primo cujus
auxilio credentes, præsentes miserias pepulissent.* „Tacit,
„Hist. lib. V.„ Les Payens regardant les Juifs comme des lépreux chassés d'Egypte; il étoit naturel qu'ils
crussent qu'ils avoient pris l'usage de la circoncision
des Peuples dont ils sortoient. Ils traitoient de fable
ce que les Hébreux disoient d'Abraham; ils le consi-
déroient comme un Caldéen qui avoit suivi la religion

βομένοις εὐμενὴς ἦν, μέγας τε ὢν πάνυ καὶ

δυνατὸς, ὑμῖν δὲ ὐδὲν προσήκων. ὐδὲ γὰρ τὸν

Ἀβραὰμ

établie dans fon Pais; & qui après avoir voyagé en Egypte, en avoit rapporté en Caldée l'ufage de la circoncifion. Cela eft confirmé par le fentiment d'Hérodote, qui dit que les Colches & les Egyptiens étoient les feuls qui circoncifoient au commencement: *pudenda circumcidebant a principio;* & que les Phoeniciens & ceux des Affiriens qui habitoient la Paleftine, reconnoiffoient qu'ils avoient pris cette cérémonie des Egyptiens. *Herod. Euterp. pag. 127.*

Les Païens fe mocquoient de ce que les Juifs difoient que Dieu avoit ordonné à Abraham la circoncifion comme une marque de l'alliance entre lui & ce Prophete: ils demandoient par quelle raifon le Dieu d'Ifraël avoit attaché fes graces & fon alliance à cette cérémonie, qui avoit été de touts tems pratiquée par des peuples qui ne le connoiffoient pas. Ils ne trouvoient aucun rapport entre le prépuce d'Abraham & la divinité; Ils ne comprenoient pas pourquoi la perte de ce prépuce avoit été le fceau d'un alliance éternelle. Ils ne voyoient pas d'où vient le Dieu des Juifs avoit pris un intérêt fi grand à cette cérémonie égyptienne, qu'il vouloit qu'on féparât de fon peuple quiconque ne s'y feroit pas foumis. Il ordonnoit que l'efclave ainfi que l'homme libre fût fans prépuce. „Tu ne manqueras

Egyptiens, en prirent l'ufage de leur circoncifion. Ils honorerent un Dieu qui leur fut
favorable, de même qu'il l'eſt à moi, & à tous
ceux

„pas de circoncire celui qui eſt né en ta maiſon, &
„celui qui eſt acheté de ton argent; & mon alliance
„ſera en votre chair pour une aliance perpétuelle. „
Περιτομῇ περιτμηθήσεται, ὁ οἰκογενὴς τῆς οἰκίας σε,
καὶ ὁ ἀργυρώνητος. καὶ ἔσαι ἡ διαθήκη μὲ ἐπὶ τῆς
σαρκὸς ὑμῶν εἰς διαθήκην αἰώνιον. *Omne maſculinum
in generationibus veſtris tam vernaculus quam emptici-
cius circumcidetur & quicumque non fuerit de ſtirpe
veſtra, eritque pactum meum in carne veſtra in fœdus
æternum.* Geneſ. cap. XVII. Les Païens diſoient que
par cette Loi Dieu avoit fait non ſeulement alliance
avec Abraham & ſes enfans, mais avec tout les eſcla-
ves, de quelque Nation qu'ils fuſſent, dès qu'ils
étoient circoncis. Ils ajoutoient que cela n'avoit été
écrit dans la Geneſe que pour cacher l'origine des Juifs;
& faire oublier s'il étoit poſſible, que leurs ancêtres
n'avoient été que des lépreux qu'on avoit chaſſés de
l'Egypte, & qui en avoient retenu pluſieurs uſages, entr'autres la circoncifion. Mais il ne faut faire aucune attention à ce que Julien & les Hiſtoriens païens diſoient
d'Abraham & de l'origine des Juifs: les Grecs & les
Romains furent toujours dans une grande ignorance
de ce qui concernoit l'hiſtoire & la religion des Juifs.
Peut-on en douter, lorſqu'on voit Juvenal avancer har-

Ἀβραὰμ μιμεῖσθε, βωμὸς τε ἐγείροντες αὐτῷ,

καὶ οἰκοδομῶντες θυσιαστήρια, καὶ θεραπεύοντες

ὥσπερ ἐκεῖνος ταῖς ἱερὸυ μίαις.

Ἔθυε

diment, qu'ils n'adoroient aucun Dieu que les Nues. *Nihil præter nubes & cœli lumen adorant.* „Juv. Sat. „14. v. 97.„ Si un homme d'esprit tel que Juvenal, a pu dire une aussi grande absurdité sur le culte des Juifs, & cela dans un tems où la Ville de Rome qu'il habitoit, en étoit remplie; que n'ont pas pû écrire d'autres Auteurs, qui peut-être n'étoient pas mieux informés que lui! Je sais que plusieurs critiques ont prétendu, que Juvenal n'avoit pas ignoré le véritable culte des Juifs; mais qu'il avoit cherché à le tourner en ridicule. Ces critiques disent, pour appuyer leur sentiment, que Juvenal a parlé avec connoissance de la défense des viandes interdites aux Hébreux, de l'exactitude à observer leur Sabbath: qu'il a également plaisanté sur tous ces différents usages; & qu'il falloit donc que Juvenal connût la religion des Juifs. Ceux qui soutiennent cette opinion, ajoûtent que Joseph ayant écrit sous l'Empire de Vespasien & de Titus, une histoire très détaillée des Juifs, qui avoit été placée dans les plus célebres Bibliotheques de Rome; il n'est pas possible de croire que les Romains, & surtout les gens

ceux qui l'invoquent ainſi qu'Abraham. Il n'y a qu'à vous ſeuls à qui il n'accorde pas ſes bienfaits, puisque vous n'imitez point Abraham, ſoit en lui élevant des autels, ſoit en lui offrant des ſacrifices.

Non-

de lettres ne connuſſent pas le véritable culte des Juifs. Voici les vers de Juvenal.

Quidam ſortiti metuentem ſabbata patrem,
Nil præter nubes, & cœli lumen adorant,
Nec diſtare putant humana carne ſuillam,
Qua Pater abſtinuit, mox & præputia ponunt:
Romanas autem ſoliti contemnere leges,
Judaicum ediſcunt, & ſervant ac metuunt jus,
Tradidit arcano quodcunque volumine Moſes.
Non monſtrare vias, eadem niſi ſacra colenti:
Quæſitum ad fontem ſolos deducere verpos.
Sed pater in cauſa, cui ſeptima quæque fuit lux
Ignava, & partem vitæ non attigit ullam.

„Juven. Sat. XIV. v. 97. & ſeq.„

„Certaine gens ont le malheur d'avoir pour pere „quelque ſuperſtitieux obſervateur du Sabbat: ils n'a- „dorent que les nues & la clarté du Ciel: ils ne mettent „nulle différence entre de la chair humaine & de la „chair de pourceaux, dont leurs ancêtres ſe ſont toû- „jours abſtenus; ils ſe font enſuite circoncire: pleins „de mépris pour les loix romaines, ils apprennent le

Ἔθυε μὲν γὰρ Ἀβραὰμ ὥσπερ καὶ ἡμεῖς
ἀεὶ καὶ συνεχῶς. ἐχρῆτο δὲ μαντικῇ τῇ τῶν διὰ
τȣ-

„Judaïfme, & s'attachent avec refpect à tout ce que
„Moïfe a laiffé par écrit dans fon livre fi miftérieux.
„Qu'un voyageur les prie de leur montrer le chemin;
„où, qu'étant altéré, il leur demande où il peut aller
„boire; c'eft envain, s'il n'eft Juif & circoncis. D'où
„vient cette conduite? leurs peres en font caufe: le Sab-
„bat étoit pour eux un jour de fainéantife, & qui fem-
„b'oit ne pas entrer dans le compte des autres jours
„de leur vie.„ Quand même il feroit vrai que Juvenal, & les Ecrivains Grecs & Romains qui ont parlé
des Juifs, auroient bien connu leur religion; le témoignage de ces Auteurs fur l'origine des Hébreux, n'en
doit pas moins être rejetté, puifqu'il eft coulraire à ce
que nous en apprend Moïfe. Il en eft de même de
l'objection que font les incrédules, fur le paffage de la
mer rouge. Ils difent que fi Pharaon avoit été englou-
ti dans les eaux, lui & toute fon armée; il feroit impof-
fible que quelque Hiftorien Egyptien, Grec, ou Romain
n'eût fait mention d'un événement fi extraordinaire, &
que cependant on n'en trouve aucune trace dans l'hiftoire ancienne. Mais, qu'importe que les Auteurs
Egyptiens & Grecs n'aient rien dit du paffage des Juifs
au travers des eaux, & de la perte de Pharaon & de
fon armée; puifque Moïfe nous apprend cet événement
comme une vérité autentique.

Non feulement Abraham facrifioit fouvent, ainfi que nous; mais il fe fervoit de la
di-

Les mêmes Incrédules reviennent encore à la charge.
Ils prétendent que ce paffage au travers de la Mer rouge,
inconnu à tous les Ecrivains Egyptiens, Grecs & Romains, a paru fi difficile à conftater à Jofeph, quoique
Juif; que pour le rendre un peu plus vraifemblable, il en
a parlé d'une maniere toute différente de celle de Moïfe.
C'eft ce que lui ont reproché vivement les Auteurs
Anglois d'une hiftoire univerfelle. „Jofeph, *difent-ils*
„diminue le miracle, peut-être dans le deffein de le ren-
„dre plus croyable, en difant que la mer de Pamphilie
„ouvrit un paffage à Alexandre, quand Dieu voulut fe
„fervir de ce Conquérant pour ruiner l'Empire des Perfes:
„mais ce lâche hiftorien fe trompe certainement, en ne
„mettant aucune différence entre ces deux évenemens.
„A la vérité Quinte-Curce dit qu'Alexandre s'étoit ouvert
„un nouveau chemin par la mer; mais fes paroles, qui
„avoient befoin de commentaire, nous font expliquées
„par Strabon en ces mots. Il y a une Colline dans la
„mer de Pamphylie, nommée Clymax, le long de la
„quelle il y a un paffage quand l'eau de la mer eft baffe;
„cette colline eft entierement découverte, mais ne paroît
„plus dès que la Mer récommence à monter. Alexan-
„dre, étant venu à cet endroit, voulut le paffer avant
„que les eaux remontaffent. Comme c'étoit alors dans
„l'hyver, la Mer recommença à groffir avant qu'il

τύτων ἀρίςη. Ἑλληνικὸν ἴσως καὶ τῦτο· οἰω-
νίζετο δὲ μειζόνως· ἀλλὰ καὶ τὸν ἐπίτροπον τῆς
οἰκίας

„l'eût traverſée: il fut obligé de marcher tout le ¡our
„dans l'eau jusqu' à la ceinture. *Hiſt. univerſ. depuis*
„*le commencement du monde jusqu' à prèſent, traduite*
„*de l'Anglois par une ſociété de gens de lettres. Tom. II.*
„*pag. 238.*„

La comparaiſon du paſſage de Moïſe avec celui d'A-
lexandre n'eſt pas préciſement ce qui a excité ie zele
des Ecrivains Anglois, mais les réflexions de Joſeph.
Plaçons-les ici telles qu'elles font dans cet Hiſtorien
Juif. „Perſonne, *dit Joſeph*, ne doit regarder comme
„incroyable cette narration: il eſt poſſible que des hom-
„mes anciens & exempts de malice aient trouvé leur
„chemin dans une coupure de la Mer, pour ſe procurer
„leur ſalut, ſoit par la volonté de Dieu, ſoit naturelle-
„ment; comme il arriva à Alexandre le Roi de Macé-
„doine, qui traverſa la Mer de Pamphylie.„ *θαυμάσει*
δὲ μηδεὶς τῦ λόγυ τὸ παράδοξον, εἰ ἀρχαίοις ἀνθρώποις,
καὶ πονηρίας ἀπείροις εὑρέθη σωτηρίας ὁδὸς καὶ διὰ θαλάσ-
σης, εἴτε κατὰ βύλησιν Θεῦ, εἴτε κατ᾽ αὐτόματον ὁπότε
καὶ τοῖς περὶ τὸν Ἀλέξανδρον τὸν βασιλέα τῆς Μακε-
δονίας χθὲς καὶ πρώην γεγονόσιν ὑπεχώρησέ τὸ Παμφύ-
λιον πέλαγος. Nemo vero narrationem ut incredibilem
miretur, ſi antiqui homines, & malitiæ expertes in
maris ſciſſura viam ad ſalutem invenerint, ſive Dei
voluntate ſive ſponte naturæ: heri & nudius tertius iis

divination comme l'on fait chez les Grecs. Il
fe confioit beaucoup aux augures, & fa maifon
trou-

qui fub du&u erant Alexandri Macedoniæ regis ceffit
Pamphilium Mare. Flavii Jofeph antiquit. Jud. lib. II.
cap. XVI. edit. Amft. 1726. Tom. I. pag. 114. La maniere, dont Jofeph finit fon récit, eft encore plus capable de diminuer le miracle, que les expreffions dont
il fe fert, *foit par la volonté de Dieu, foit naturellement.* εἴτε κατὰ βέλησιν Θεᾶ, εἴτε κατ᾽ αὐτόματον:
car il laiffe à tous fes Lecteurs la liberté de croire ce
qu'ils voudront de ce miracle: *περὶ μὲν ἂν τούτων ὡς
ἑκάστῳ δοκεῖ διαλαμβανέτω· & enim de his quisque ut
libuerit fentiat. id. ib.* Qu'importe la façon de penfer
de Jofeph, lorfque l'Ecriture a déterminé notre croyance.
Il faudroit donc croire, felon les principes des incrédules, que le maffacre des innocens fous Hérode n'a pas
eu lieu, parceque cet Hiftorien n'en a pas dit un feul
mot? Il eft vrai qu'il paroît d'abord étonnant que
Jofeph, qui ne pardonne rien à Hérode; qui s'attache
à rendre fa mémoire odieufe; qui a fait mention avec
foin de tant de jeunes gens que ce Prince fit égorger
ou bruler avec leurs précepteurs, pour avoir abattu
l'aigle romaine du temple de Jérufalem; & qui rapporte
fi expreffément tous les autres crimes d'Hérode, furtout dans la harangue qu'il prononça à Rome contre
fa mémoire, en préfence de l'Empereur; ne dife pas un
mot du maffacre d'un nombre prodigieux d'enfans,

οἰκίας εἶχε συμβολικόν. εἰ δὲ ἀπιςεῖ τις ἡμῶν, αὐτὰ δείξω σαφῶς τὰ ὑπὲρ τύτων εἰρημένα Μωσῇ. μετὰ δὲ τὰ ῥήματα ταῦτα ἐγενήθη Κυρίυ λόγος πρὸς Ἀβραὰμ λέγων ἐν ὁράματι τῆς νυκτός· μή φοβῦ Ἀβραὰμ, ἐγὼ ὑπερασπίζω συ. ὁ μιϑός συ πολὺς ἔσαι σφόδρα. λέγει Ἀβραάμ· δέσποτα, τί μοι δώσεις; ἐγὼ δὲ ἀπολύομαι ἄτεκνος, ὁ δὲ υἱὸς Μασὲκ τῦ οἰκογενῦς μυ κληρονομήσει με. καὶ εὐθὺς φωνή τῦ Θεῦ ἐγένετο πρὸς αὐτὸν, λέγοντος· ὐ κληρονομήσει σε ὗτος, ἀλλ' ὃς ἐξελεύσεται ἐκ σῦ, ὗτος κληρονομήσει σε. ἐξήγαγε δὲ αὐτὸν, καὶ εἶπεν αὐτῷ ἀνά-

égorgés fous un prétexte qui devoit paroître aux Romains le comble du ridicule; qui accabloit Hérode de honte; & qui dévoiloit toute fa cruauté. On doit répondre à cela: qu'importe à un Chrétien, qu'un Auteur Juif ait parlé d'un fait, ou qu'il n'en ait rien dit; lorsque ce fait eft attefté par S. Matthieu.

S. Ambroife remarque avec autant de raifon que de fageffe, qu'il faut fe défier de toutes les traditions hu-

trouvoit fa confervation dans cette fcience. Si quelqu'un parmi vous, O Galiléens, refufe de croire ce que je dis; je vous le prouverai par l'autorité de Moyfe. Ecoutez le parler: *Après ces chofes*, [44] *la parole du Seigneur fut adreffée à Abraham dans une vifion, en difant : Ne crains point, Abraham, je te protege, & ta récompenfe fera grande. Abraham dit : Seigneur, que me donnerez vous? je m'en vais fans laiffer d'enfans, & le fils de ma fervante fera mon héritier. Et d'abord la voix du Seigneur s'adreffe à lui, & lui dit : Celui-ci ne fera pas ton héritier; mais celui qui fortira de toi, celui-là fera ton héritier. Alors il le conduifit*

maines, s'il s'agit de l'Ecriture; parce que ces traditions, venant des hommes & non pas de Dieu, ne conduifent pas à Chrift notre fauveur, mais nous en éloignent. *Cavendam monet traditionem iftam, quia mundi cultrix eft, non Dei; nec ad Chriftum ducit, fed à Chrifto abftrahit.* Ambrof. in Epift. ad Coloff. Tom. II. pag 341.

Si nous ne fuivions pas la maxime de St. Ambroife, & fi n'ous ajoutions plus de foi aux traditions humaines, qu'à celles que nous avons par la Bible, dans

ἀνάϐλεψον εἰς τὸν ὄρανὸν, καὶ ἀρίϑμησον τὰς
ἀϛέ.

quelles erreurs ne tomberions nous pas, fur le temps
que les Ifraëlites refterent dans le defert après leur
fortie d'Egypte! L'Ecriture nous apprend, que Dieu
ayant delivré de la fervitude fix cents mille combattans
de fon peuple, fans compter les vieillards, les enfans
& les femmes, ces fix cents mille combattans ne fuivi-
rent pas la route courte & aifée qui les conduifoit où
ils vouloient aller s'établir, mais allerent, pour ainfi
dire, s'enfermer entre Memphis & la mer rouge, que
Dieu leur ouvrit par un miracle incroyable à la raifon, pour la leur faire paffer à pié fec. Ce qu'il
y a de plus extraordinaire, c'eft que ce prodige ne
fert qu'à la perte des Ifraëlites, qui errent quarante
ans inutilement dans les deferts, où Dieu par un miracle continuel leur conferve leurs habits & leurs fou-
liers pendant tout ce temps; & eft obligé de les nourrir
fur naturellement, tantôt de Cailles & tantôt de mane.
Malgré tant de chofes extraordinaires, les Juifs convaincus démonftrativement, que la fin de leur efclavage eft
dûe à la bonté & à la miféricorde de Dieu, demandent
au frere de Moyfe un veau d'or pour l'adorer. Cette
idolatrie eft punie par la mort de vingt-trois mille
hommes, qui fe laiffent égorger fans fe défendre.
Aaron, frere de Moyfe, qui a fondu le veau d'or, & qui
eft le plus coupable de tous ceux qui fe font rendus criminels, eft nommé grand-prêtre du véritable & unique
Dieu, & deux cent cinquante perfonnes d'une part,
& quatorze mille fept cents de l'autre font brulées,
pour avoir ofé difputer la prêtrife à un homme, qui

duifit dehors, & lui dit : Regarde au Ciel, &

compte

felon toutes les regles de la raifon, & de la lumière naturelle, s'en étoit rendu éternellement indigne.

Si l'on ne fe fert pas fagement de la maxime de St. Ambroife, n'eft-il pas naturel de croire ce que ditJuftin en rapportant le fentiment deTrogue Pompée, (hiftorien eftimé chez les anciens) fur les voyages des Ifraëlites en fortant d'Egypte. Voici comment Juftin raconte ce fait. „Les Egyptiens étant attaqués „de la gale & de la lepre firent fortir Moyfe de leur „pays qui en étoit atteint, & tous les autres malades, „fuivant l'avis qu'ils en avoient reçu de l'oracle, de „peur que le mal ne fît du progrès. Moyfe, devenu „donc le chef de ces bannis, déroba les vafes fa- „crés de l'Egypte & les emporta avec lui. Les Egyp- „tiens voulurent les ravoir par la force des armes: „mais de grandes tempêtes les forcerent à retourner „chez eux. Moyfe donc prit la route de Damas, l'an- „cien pays de fes peres, & alla s'établir fur le mont „Sina: il n'y arriva qu'au bout de fept jours, bien fa- „tigué lui, & tous ceux qu'il conduifoit, haraffés & „demi-morts par la foif & la faim qu'ils avoient fouf- „fertes en traverfant les deferts de l'Arabie. Chaque „feptieme jour, qu'ils apellent aujourd'hui parmi „eux le *Sabbat*, Moyfe le confacra au jeûne à perpétuité, „parce que ce jour avoit mis fin à leurs befoins & „à leur fatigue. Comme ils fe fouvenoient, qu'on „les avoit chaffés de l'Egypte par la crainte qu'ils n'y „miffent la pefte; de peur que par la même raifon „ceux du pays ne vouluffent pas les fouffrir, ils prirent

ἀςέρας, εἰ δυνήσῃ ἐξαριθμήσαι αὐτάς. καὶ εἶπεν· ὅτως ἔςαι τὸ σπέρμα σε. καὶ ἐπίςευσεν Ἀβραὰμ τῷ Θεῷ, καὶ ἐλογίσθη αὐτῷ εἰς · δικαιοσύνην. Εἴπατέ μοι ἐνταῦθα, τῇ χάριν ἐξήγαγεν αὐτὸν καὶ τὰς ἀςέρας ἐδείκνυεν ὁ χρηματίζων ἄγγελος ἢ Θεός; ἒ γὰρ ἐγίνωσκεν ἔνδον ὢν, ὅσον τι τὸ πλῆθος ἐςὶ τῶν νύκτωρ ἀεὶ Φαινομένων καὶ μαρμαρυζόντων ἀςέρων;

ἀλλ'

„la précaution de ne vouloir communiquer avec aucun „étranger: & ce qui fut pratiqué alors par un motif „de politique devint peu à peu un point de disci„pline & de religion." *Sed Ægyptii quum scabiem & vitiliginem paterentur, responso moniti, eum (Mosem) cum ægris, ne pestis ad plures serperet, terminis Ægypti pellunt. Dux igitur exsulum factus (Moses) sacra Ægyptiorum furto abstulit: qua repetentes armis, Ægyptii domum redire tempestatibus compulsi sunt. Itaque Moses Damascena antiqua patria repetita montem Sinan occupat: quo septem dierum jejunio per deserta Arabiæ cum populo suo fatigatus, cum tandem venisset, septimum diem, more gentis Sabbatum appellatum, in omne ævum jejunio sacravit, quoniam illa dies famem illis erroremque finierat: & quoniam metu contagionis pulsos se ab Ægypto meminerant, ne eadem causa invisi apud incolas forent, caverant, ne cum peregrinis com-*

compte les Etoiles, si tu peux les compter; ta
postérité sera de même. Abraham crut à Dieu,
& celà lui fut réputé à justice. Dites moi
actuellement, pourquoi celui qui répondit à
Abraham, soit que ce fût un Ange, soit que
ce fût un Dieu, le conduisit-il hors de son
logis? Car quoiqu'il fût auparavant dans sa
maison, il n'ignoroit pas la multitude in-
nombrable d'étoiles qui luisent pendant la
nuit. Je suis assuré que celui qui faisoit

sortir

municarent: quod ex causa factum, paulatim in discipli-
nam religionemque convertit. Justin. hist. lib. XXXVI.
cap. iij.

Convenons que si nous n'écoutons que ce que nous
dit la vraissemblance, le récit de Justin paroîtra plus
vrai & plus naturel que celui de la Bible. Cependant
nous ne pouvons douter que la chose ne soit arrivée
comme elle est racontée dans l'Ecriture, qui ne peut
jamais ni être fausse, ni nous induire dans l'erreur;
bien différente en cela des traditions humaines, qui
venant des hommes, peuvent nous tromper, quelque
apparence de verité qu'elles ayent, & qui souvent ne
nous conduisent point à Christ, mais nous en éloignent:
non ad Christum ducit sed à Christo abstrahit.

44. Genes. chap. xv. vers. 1. 2. 3. 4. 5. 6. & 7.

M 3

ἀλλ᾽ οἶμαι δεῖξαι τὲς διάττοντας αὐτῷ βε-
λόμενος, ἵνα τῶν ῥημάτων ἐναργῆ πίςιν παρά-
χηται, τὴν πάντα κραίνεσαν καὶ ἐπικυρεσαν
ερανε ψῆφον.

Ὅπως δὲ μὴ τις ὑπολάβῃ βίαιον εἶναι τὴν
τοιαύτην ἐξήγησιν, ἐφεξῆς ὅσα πρόσκειται πα-
ραθεὶς αὐτῷ πιςώσομαι. Γέγραπ]αι γὰρ ἑξῆς,
εἶπε δὲ πρὸς αὐτὸν ἐγώ εἰμι ὁ Θεὸς ἐξάγων
σε ἐν χώρας Χαλδαίων, ὥςε δῦναί σοι τὴν γῆν
ταύτην κληρονομῆσαι. Εἶπε δὲ, δέσποτα κύριε,
κατὰ τί γνώσομαι, ὅτι κληρονομήσω αὐτήν;
εἶπε δὲ αὐτῷ· λάβε μοι δάμαλιν τριετίζεσαν,
καὶ αἶγα τριετίζεσαν, καὶ κριὸν τριετίζοντα,
καὶ τρυγόνα, καὶ περιςεράν. Ἔλαβε δὲ αὐτῷ
πάντα ταῦτα, καὶ διεῖλεν αὐτὰ μέσα, καὶ
ἔθηκεν αὐτὰ ἀντιπρόσωπα ἀλλήλοις, τὰ δέ ὄρ-
γεα ε διεῖλε. Κατέβη δὲ ὄρνεα ἐπι τὰ διχοτο-
μή-

fortir Abraham, vouloit lui montrer le mouvement des Aftres, pour qu'il pût confirmer
fa promeffe, par les décrets du Ciel qui régit
tout, & dans lequel font écrits les évenemens.

Afin qu'on ne regarde pas comme forcée
l'explication du paffage que je viens de citer,
je la confirmerai par ce qui fuit ce même
paffage. [45] *Le Seigneur dit à Abraham: Je
fuis ton Dieu, qui t'ai fait fortir du pays des
Caldéens, pour te donner cette terre en héritage.
Abraham répondit : Seigneur, comment con-
noîtrai-je que j'hériterai de cette terre? Le
Seigneur lui répondit: prens une géniffe de
trois ans, une chevre de trois ans, un bélier de
trois ans, une tourterelle & un pigeon. Abraham prit donc toutes ces chofes, & les partagea
par le milieu, & mit chaque moitié vis-à-vis
l'une de l'autre : mais il ne partagea pas les
oifeaux. Et une volée d'oifeaux defcendit fur*

ces

[45] Genef. Chap. xv. v. 8. 9. 10. 11. & 12.

μήματα, καὶ συνεκάθισεν αὐτοῖς Ἀβραάμ.
Τῆς τῦ Φανέντος ἀγγέλυ πρόῤῥησιν, ἤτοι Θεῦ,
διὰ τῆς οἰωνισικῆς ὁρᾶτε κρατυνομένην, ὐχ ὥσπερ ὑμεῖς ἐκ παρέργυ, μετὰ θυσιῶν δὲ τῆς
μαντείας ἐπιτελυμένης. Φησὶ δὲ ὅτι τῇ τῶν

οἰω-

---

[46] *Μετὰ θυσιῶν δὲ τῆς μαντείας.. Par la divination
& les victimes.* Il n'est pas étonnant que Julien, Prince
rempli de connoissances, & s'appliquant à la philosophie,
ait cru à la divination. Les Caldéens & les Egyptiens,
qui furent les premiers philosophes, en firent un art, & y
ajoutèrent foi. L'envie de connoître l'avenir, si naturelle
à tous les hommes, leur fit déifier la chimere qu'ils a-
voient établie. Chez tous les peuples, la divination fut
pratiquée, comme une vérité dont on ne pouvoit douter :
tout ce que le hasard faisoit arriver de conforme aux choses prédites par les regles de cet art, étoit attribué à son
autenticité ; les événemens qui le contredisoient, on les
imputoit à l'inattention ou à l'ignorance de ceux qui le
pratiquoient : les Augures avoient été négligés, les Arus-
pices s'étoient trompés en examinant les victimes. Les
hommes agissent encore de même dans tout ce qui a rapport à la superstition. Un malade offre un voeu à la châsse
de quelque Saint : la nature le guérit ; la réputation du
bien-heureux profite du hasard. Un autre homme fait le
même voeu ; il reste estropié, ou il meurt : le crédit du
Saint n'en souffre rien ; le malade n'avoit pas la foi, il
persistoit dans son péché, il n'en ressentoit pas un véritable repentir. La superstition est le partage du genre
humain. Peu de mortels ont reçu du Ciel une ame assez

ces bêtes mortes, & Abraham se plaça avec elles. Remarquez que celui qui conversoit avec Abraham, soit que ce fût un ange, soit que ce fût un Dieu, ne confirma pas sa prédiction légerement, mais par la divination [40]

&

forte pour y résister. Les Philosophes même, si l'on en excepte un petit nombre, ont admis la vérité de la Divination. Les Stoïciens prétendoient la prouver par des raisons prises dans la philosophie la plus élevée. ,,Voici, ,,*dit Cicéron,* comment les Stoïciens prouvent qu'il y a une ,,divination. S'il y a des Dieux, & qu'ils ne fassent pas ,,savoir aux hommes les choses futures ; ou ils n'aiment ,,pas les hommes ; ou ils ignorent l'avenir ; ou ils jugent ,,que c'est une connoissance qui n'importe de rien aux ,,hommes ; ou ils croyent qu'il n'est pas de la Majesté ,,divine de leur révéler ce qui doit leur arriver ; ou enfin ,,ils ne peuvent leur en rien faire savoir. Mais on ne peut ,,pas dire qu'ils n'aiment pas les hommes ; car les Dieux ,,sont bienfaisants & amis du genre humain: ils n'igno- ,,rent pas non plus les choses qu'ils ont eux-mêmes éta- ,,blies & désignées ; & il n'est pas indifférent pour nous, ,,d'être avertis d'un événement par avance: car si nous le ,,sommes, nous en prendrons plus garde à nous: ils ne ,,peuvent pas aussi tenir cela au dessous de leur Majesté ; ,,car il n'y a rien de plus excellent que de faire du bien: ,,ni enfin ils ne peuvent pas ignorer les choses futures ; & ,,cela étant, s'ils ne les révelent point aux hommes, il ,,faut qu'il n'y ait point de Dieux. Or il est constant ,,qu'il y a des Dieux; donc ils nous font savoir les cho-

οἰωνῶν ἐπιπτήσει βεβαίαν ἔδειξε τὴν ἐπαγγελίαν.

„fes futures. Que s'ils nous les font favoir par des fignes,
„il faut qu'ils nous ayent donné en même temps le moyen
„d'entendre ces fignes, fans quoi il feroit inutile qu'ils
„nous en donnaffent aucun : & s'ils nous en ont donné
„quelque moyen, ce moyen-là eft la divination ; & par
„confequent il y a une divination. Voilà l'argument dent
„Chryfippe, Diogene & Antipater fe font fervis pour la
„prouver." *Quam quidem effe revera, hac Stoïcorum ratione concluditur. Si funt Dii, neque ante declarant hominibus quæ futura funt: aut non diligunt homines, aut
quid eventurum fit ignorant: aut non cenfent effe fuæ
majeftatis præfignificare hominibus quæ funt futura;
aut ea ne ipfi quidem aliis fignificare poffunt. At neque
non diligunt nos: funt enim benefici, generique hominum
amici: neque ignorant ea, quæ ab ipfis conftituta & dé-
figuata funt: neque noftra nihil intereft fcire ea quæ
eventura funt; erimus enim cautiores, fi fciemus: neque
hoc alienum ducunt à majeftate fua; nihil eft enim benefi-
centia præftantius: neque non poffunt futura prænofce-
re: non igitur funt dii, nec fignificant futura. Sunt
autem dii: fignificant ergo. Et non, fi fignificant,
nullas vias dant nobis ad fignificationis fcientiam; fru-
ftra enim fignificarent: nec, fi dant vias, non eft divinatio: eft igitur divinatio. Hac ratione & Chryfippus,
& Diogenes, & Antipater utitur. Cicer. de Divinat.
Lib. I.* Tout ce que difoient les Stoïciens, n'avoit aucune folidité: car quelle néceffité y a-t-il que les
hommes connoiffent l'avenir ? Ils ont toutes les notions
qui leur font néceffaires, fans le fecours de la divination:
ils favent que certaines actions, s'ils les commettent,

& les victimes: l'Ange, ou le Dieu qui parloit

leur canseront du mal; & que, s'ils en font d'autres, ils
en retireront du bien. Ils ont pour leur santé, pour
leur conservation, pour leurs mœurs, pour les regles
de leurs actions, la connoissance de ce qu'ils doivent attendre de l'avenir. Y a-t-il rien qui convienne moins
à un Physicien, que d'attribuer un signe certain à des
choses incertaines? & que peut-on voir de plus incertain, de plus sujet au changement, de moins stable, que
toutes les choses sur lesquelles la divination est fondée?
Ciceron a raison de répondre aux Stoïciens, que leur
maniere de prouver la divination, est non-seulement dé-
fectueuse, mais qu'elle est dangereuse pour les preuves de
l'existence des Dieux. „Pourquoi, *dit Ciceron,* vous
„mettez-vous des entraves dont vous ne sauriez vous
„dépétrer? car voici comment vous raisonnez d'ordi-
„naire: S'il y a des Dieux, il y a une divination. Mais
„ne pourroit-on pas conclurre tout aussi probablement;
„or il n'y a point de divination, donc il n'y a point de
„Dieux? Voyez comme imprudemment les Stoïciens
„s'exposent à faire dire, que s'il n'y a point de Divination,
„il n'y a point de Dieux." *Cur igitur vos inducitis in eas
captiones, quas nunquam explicetis? ita enim, cùm magis properant, concludere solent: Si Dii sunt, est divinatio. Multo est probabilius: non est autem divinatio; non
sunt ergo dii. Vide, quam temerè committant, ut, si nulla
sit divinatio, nulli sint Dii. Cicer. de Divinat. Lib. II.*

Malgré les objections de quelques sages Philosophes
contre l'art trompeur de lire dans l'avenir, la divination
a toujours été pratiquée par les païens: elle fut même
en usage parmi les premiers Chrétiens, dans les premiers

λίαν. Ἀποδέχεται δέ τὴν πίςιν τῦ Ἀβραὰμ

προ-

ſiecles du Chriſtianiſme : l'Empereur Conſtantin la pra-
tiqua pendant un tems, & en permit même l'uſage
après qu'il fut chretien. C'eſt ce qu'a prouvé évidemment & démonſtrativement Jacques Godefroi, dans ſon
Commentaire de la première loi du Code Theodoſien,
ſur les Sacrifices & les Temples des payens. *Conſtan-
tinus Magnus hac lege haruſpices conſulendi ac nominatim
de fulguris tactu poteſtatem ſeu licentiam tum ſenatui tum
privatis facit anno domini* 321, *quo tempore Sylveſter pon-
tificatum Romæ obtinebat : quæ & ante biennium ferme
quoque mens eidem Conſtantino fuit.* L. 1. & 2. Cod. de
maleficiis.

Il faut obſerver qu'en l'année 321. Conſtantin étoit
chrétien depuis pluſieurs années, & que le Concile
de Nicee qui condamna Arius, auquel cet Empereur
aſſiſta, commença ſelon Bellarmin vers l'an 325. Conſtantin rendit encore un édit, qui permettoit au pré-
teur de Rome d'employer la magie à l'art de la divination, comme n'ayant rien de criminel. *Eodem ſcilicet exemplo, quo & magicas idem artes innoxias hoc ipſo
anno romanam pariter per præfecturam exerceri impuné
permiſerat.* L. 3. dict. tit. de Maleficiis, *quod utrumque
jure mireris in principe per novennium (ab anno* 312) *chri-
ſtianam fidem amplexo, & in alios propagante.* Comm.
Jac. Godofredi in leg. I. Cod. Theodoſ. de pagan. ſacrif.
& templ.

Les fils de l'Empereur Conſtantin ſe ſervirent quelquefois de la divination ; & ce qui montre encore
plus le préjugé où les premiers chretiens reſterent
en faveur de la verité & de la réalité de cet art,

loit à Abraham, lui promettoit de certifier

fa

c'eſt que dans le cinquième ſiecle, l'an 410, qui fut celui où Alaric, Roi des Gots, prit la ville de Rome, le Pape Innocent permit la divination pendant le ſiège. „Les Romains, *dit Zoſime*, voyant l'état où Alaric ré„duiſoit la ville, & déſeſperant de tous les ſecours „humaius, tournerent leur eſprit vers l'appui qu'avoit „eu autrefois Rome dans ſes malheurs, & dont ils „s'étoient privés en s'éloignant de l'ancienne religion. „Pendant qu'ils étoient occupés de cette penſée, Pom„peianus, préfet de la ville, parle à quelques perſon„nes qui étoient venues de la Toſcane, & qui l'aſſure„rent que les habitans de la petite ville de Nevia, „ayant fait des vœux aux Dieux, ſelon le culte de „leurs ancêtres, avoient été delivrés de l'attaque des „barbares, par des tonneres & des éclairs, qui les avoient „obligés de ſe retirer. Pompeianus, après avoir en„tendu le rapport de ces Etruriens, réſolut de ſuivre „tout ce que preſcrivoient les livres des Pontiſes, & „pour agir avec plus de ſureté, & exécuter ce qu'il „deſiroit de faire, il communiqua ſon deſſein à In„nocent Evêque de Rome; qui préferant le ſalut de „la ville à ſa croyance, lui permit tacitement, ainſi qu'à „tous les Romains de faire, tout ce qu'ils croiroient pou„voir être utile. Τοτε δὴ πυθόμενοι Ἀλάριχον εἶναι τὸν πολεμοῦντα, καὶ πᾶσι τοῖς εἰς ἀνθρωπίνην ἰσχὺν φέρουσιν ἀπογνόντες, ἀνεμιμνήσκοντο τῆς ἐπιφοιτώσης πάλαι τῇ πόλει κατὰ τὰς στάσεις ἐπικουρίας, καὶ ὡς παραβάντες τὰ πάτρια ταύτης ἐρῆμοι καταλείφθησαν. Περὶ δὲ ταῦτα ἔτ' ἦν αὐτοῖς, Πομπηϊανὸς, ὁ τῆς πόλεως ὕπαρχος ἐνέτυχε τίσιν ἐκ Τυσκίας εἰς τὴν Ῥώμην ἀφιχομένοις, οἳ πόλιν ἐλιγόν

προσεπάγων, ὅτι ἄνευ ἀληθείας πίςις ἠλι-
θίό-

τινα Νεβηίαν ὄνομα τῶν περιςάν]ων ἐλευθερῶσαι κιν-
δύνων, καὶ τῇ πρός τὸν θεῖον, εὐχῇ καὶ κατὰ τὰ πά-
τρία θεραπία βροντῶν ἐξαισίων καὶ πρηςήρων ἐπιγενο-
μένων, τὰς ἐπιχειμένας βαρβάρας ἀποδῶξαι τύτοις δαι-
λιχθεὶς ἐπεισενόσα, ἐκ τῶν ἱερατιχῶν ὄφελος. Ἐπεὶ δὲ
τὴν κρατῦσαν κατὰ ναῦ ἐλάμβανε δόξαν, ἀσφαλίστερον
ἐθέλων πρῶξαι τὸν σκυδαζόμενον, ἀνατίθεται πάντα
τῷ τῆς πόλεως ἐπισκόπῳ, ἐν δὲ Ιννοχέντιος. Ὁ δὲ, τὴν
τῆς πόλεως σωτηρίαν ἔμπροσθεν τῆς οἰκείας ποιησάμενος
δόξης, λαθρα ἐφῆκεν αὐτοῖς ποιεῖν ἅπερ ἴσασιν.

*Tum vero perfuafi (Romani) Alarichum effe qui bello
vexaret urbem; ac defperatis omnibus, quæ vires hu-
nas fpectarent: ad animos revocant eam opem quam in
feditionibus olim urbs fuiffet experta: quodque patritis
vitibus violatis, hanc amififfent. Dum hæc ipfi fecum ex-
pendunt Pompeianus, præfectus urbis, forte in quosdam
incidit, qui Romam Tufcia venerant, & oppidum quod-
dam aiebant, cui nomen Neveia, præfentibus fe liberaffe
periculis; perque nuncupata numini vota cultum patri-
tum, tonitruis & fulgetris immanibus elicitis, barbaros
imminentes abegiffe. Cum his colloquutus, quæcunque de
pontificum libris fieri expediret, fecit. Quia vero ad animam accidebat ei; quæ tunc invaluerat opinio; quo tutius
id perageret quod in votis habebat, omnia cum urbis
epifcopo communicat: is erat Innocentius, qui quidem opi-
nioni fuæ falutem urbis anteponens, clam permifit eis ut
facerent quæcunque fcirent.* Zofim. hist. lib. V. cap. xl.
& xlj. Un très-favant homme a judicieufement
obfervé, que tout ce que Baronius a dit pour la jufti-
fication du Pape Innocent n'a ni verité ni jufteffe.

fa promeffe par le vol des oifeaux. Car il

ne

Lubrica funt quæ purgando Innocentio attulit Baronius.
I. A. Boſius.

Il étoit naturel que Julien, prévenu en faveur de toutes les cérémonies du paganifme, refpectât la divination,
comme une fcience célefte. Les foins que l'Eglife a pris
dans la fuite, pour détruire cet art & pour le flétrir, ont
été prefque infructueux : la fuperftition a été plus forte
que la raifon appuyée par la religion. Les fages confeils
des philofophes les plus éclairés, & les décifions des plus
célebres théologiens, n'ont pu détruire la croyance de
la vérité de la divination. On fait affez combien elle
fut en ufage fous les regnes des trois fils de Catherine
de Médicis, fous ceux de Louis XIV. & de Louis XV.
L'on a vu en France plus de Prophetes, que dans la
durée de tous les fiecles antérieurs. Les petits Prophetes du Dauphiné trouverent un défenfeur dans un
des plus célebres théologiens proteftants ; & les Janfé-
niftes, annonçant l'avenir dans leurs fureurs & dans
leurs convulfions, furent protégés, & déclarés Prophetes par plufieurs Evêques de France ; entr'autres par
Mr. d'Auxerre & Mr. de Montpellier.

Il n'a pas tenu à un philofophe, mort il y a quelques
années, de rendre prophetes tous ceux qui voudroient
l'être : il a prefcrit des regles pour le devenir. Voici
ce qu'il dit, dans un ouvrage qui fut féverement critiqué.
„Il femble que les perceptions du paffé, du préfent & de
„l'avenir, ne different que par le degré d'activité où fe
„trouve l'ame : appefantie par la fuite de fes perceptions,
„elle voit le paffé ; fon état ordinaire lui montre le pré-
„fent ; un état plus exalté lui feroit découvrir l'avenir ;

θιότης ἔοικε τις εἶναι και ἐμβροντησία, την δὲ ἀλή-

„& cela ne feroit peut être pas fi merveilleux, que de „la voir fe repréfenter des chofes qui n'ont point exifté, „qui n'exiftent point, & qui n'exifterout jamais." *Lettres de M. de Maupertuis. Let.* 17. Ainfi donc, en exaltant fon ame, chacun peut devenir Prophete. Cela eft clair. Mais pourquoi le philofophe qui prefcrivoit cette regle, n'expliquoit-il pas ce qu'il falloit faire pour l'exécuter? Dire fimplement, que pour être Prophete, il faut exalter fon ame, & ne pas enfeigner comment fe fait cette exaltation; c'eft apprendre auffi obfcurément le moyen d'obtenir le don de prophétie, que les Alchimiftes ont parlé de celui de faire de l'or. J'ai cherché pendant longtems, de quelle maniere l'on peut parvenir à l'exaltation dont parle ce philofophe. Je n'ai trouvé que deux moyens: le premier eft dans S. Luc. *Magnificat anima mea Dominum & exaltavit fpiritum meum. Evang. fecund. Luc. cap. 1. v. 49.* „Mon ame a glorifié le Seigneur, „& il a exalté mon efprit." C'eft ainfi que tous les véritables Prophetes le font devenus. Qui doute que le Seigneur ne puiffe découvrir l'avenir à ceux à qui il veut le faire connoître? Ce n'étoit pas la peine d'aller au pole, pour trouver une vérité dont tout homme eft convaincu. J'ai iu le fecond moyen d'exalter fon ame, dans Plutarque. C'eft par certaines exhalaifons de la terre. „Or le corps, dit-il, a bien fouvent de lui-mê-„me une telle difpofition: mais la terre jette dehors „aux hommes les fources & origines de plufieurs au-„tres forces & puiffances, les unes qui tranfportent „les hommes hors d'eux, & apportent des maladies „& des mortalités; & des autres auffi quelquefois bon-

ne fuffit pas d'une promeffe vague, pour au-

tori-

„nes, douces & utiles, ainfi comme il paroît à ceux
„qui en font l'expérience. Or le flux, ou vent & ref-
„piration prophétique de divination eft très-divin &
„très-faint, foit qu'il fe leve feul à travers l'air, foit qu'il
„fourde avec quelque fluxion humide : car, venant à fe
„mêler dedans le corps, il y engendre une température &
„difpofition étrange & non accoutumée aux ames, de la-
„quelle il eft bien mal-aifé de pouvoir clairement & cer-
„tainement exprimer la propriété ; mais avec raifon on
„en peut tirer quelque conjecture, en plufieurs manieres ;
„car par fa chaleur & fa dilatation & diffufion, il ouvre je
„ne fais quels petits pertuis, où il y a force imaginative
„de l'avenir ; ne plus ne moins que le vin qui boult & qui
„fume, fait plufieurs autres mouvemens ; & mêmement
„qu'il revele & décele plufieurs propos fecrets & cachés :
„car la fureur de Bacchus & de l'yvreffe a, comme dit
„Euripide, beaucoup de divination, quand l'ame échauf-
„fée & enflammée jette arriere toute crainte, que la pru-
„dence mortelle apportant, détourne, & éteint bien
„fouvent l'infpiration divine.“ *Plutarque des oracles
qui ont ceffé. art. xxvj.* Je me fers de la traduction
d'Amiot, édit. in fol. pag. 353. Il eft fâcheux qu'on ne
trouve plus aujourd'hui des terreins qui rendent un
homme Prophete. Peut-être font-ce ces terreins que
le Philofophe dont je parle a cherché dans tant de
voyages qu'il a faits, & qu'on attribuoit pendant fa vie
à fon inquiétude. Enfin, quoi qu'il en foit, il n'eft pas
moins certain que dans ce fiecle où la philofophie a fait
tant de progrès, on voit encore des Théologiens célebres, perfuadés qu'il y a eu à Paris cinq ou fix-mille

ἀλήθειαν ἐκ ἔνεςιν ἐκ ψιλῶ ῥήματος, ἀλλὰ
χρή τι ϰϑὴ παραϰολϑῆσϰι τοῖς λόγοις ἐναργὲς

Prophetes qui annonçoient l'avenir dans des convulfions, qui fembloient plutôt l'œuvre de joueurs de gobe-
lets, que celle du ciel; & des philofophes qui après avoir
déterminé fous le pole la figure de la terre, enfeignoient
aux hommes qui l'habitent, l'art de prophétifer. *Nullum
ingenium*, dit Seneque, *fine mixtura dementiæ.*

Julien fuivit donc, en croyant à la divination, un préjugé établi d'un tems immémorial & continué jufqu'à
nos jours. Il eft ridicule de le regarder comme un
efprit foible pour avoir cru une chofe dont tant de
philofophes avoient été perfuadés avant lui, & que
plufieurs autres très-diftingués par leurs connoiffances,
au nombre defquels l'on doit placer **Cardan** & **Pontanus**
dans ces derniers tems, ont foutenu dans leurs ouvrages. Au refte il faut obferver, que dans les différentes manieres de divination Julien n'en employa
jamais de criminelles. Nous avons deja remarqué,
qu'il n'y avoit rien de plus faux que cette hiftoire d'une
femme qu'il avoit fait immoler dans un temple auprès
de la ville de Carre, & dont après la mort de cet Empereur on trouva le corps fufpendu à la voute de ce
temple, qu'il avoit fait murer & fermer de toutes
parts, avant de partir pour l'expédition où il fut tué;
afin que ce cruel facrifice ne fût connu de perfonne.

Gafpar Pucerus a placé, dans le gros ouvrage qu'il
a écrit fur les differens genres de divination, cette
ridicule & calomnieufe hiftoire. Peu content d'infulter
à la memoire d'un Empereur vertueux, en adoptant

torifer la vérité d'une chofe : mais il eft néceffaire qu'une marque certaine affure la certitude

comme une verité un menfonge odieux, il accufe les
philofophes qui furent amis de Julien d'avoir facrifié
à Athenes, à Alexandrie, & dans plufieurs autres
villes de l'Empire, de jeunes garçons, & des jeunes
filles, dont ils avoient même mangé la chair. Ecoutons le parler lui-même, nous verons enfuite le fond
que nous devons faire fur ce qu'ont dit les accufateurs
de Julien: *ab uno difce omnes.* Ils ont tous eu le
même jugement, la même penetration, & la même
impartialité. *Heliogabalum imitatus eft Julianus Apo-
ftata, qui cum privatus chriftianifmum profiteretur, poft-
quam imperium adeptus effet, religione mutatâ cum con-
ditione, totum fefe ethnicis facris & dæmonum deteftandis
invocationibus addixit ac devovit, facro baptifmo abluto
cæfarum victimarum fanguine, & hoc ritu femetipfo refecto
à focietate ecclefiæ filii Dei. Omnem hic ex infpectione ex-
torum, divinandi rationem, ab ethnicis ufurpatam &
tractatam, renovavit; affumtis ad eam confiderationem vi-
ctimis humanis, multa poft interitum ipfius cadavera ju-
gulatorum, ad infpectionem hominum, reperta funt in ci-
tis, puteis & locis fecretioribus aulæ Antiochenæ. Carris
in peculiari templo, quod aditu omni præclafo, foribufque
obicum appofitu obturatis, accurate munierat, celebrare,
folenni ritu, fectiones ad rimatorum vifcerum contempla-
tionem, fuit folitus.* (Ne diroit-on pas que Julien avoit
fait une boucherie humaine du temple de Carre?
c'eft une chofe finguliere que l'aveugle credulité:) *in
quo & recens diffecta mulieris corpus capillis ex alto fuf-*

γὲς σημεῖον, ὃ πιςώσεται γενόμενον τὴν εἰς
τὸ μέλλον πεποιεμένην προαγόρευσιν.

penfum, mox ab interitu repertum fuit, quod de eventu
fufceptæ expeditionis, fcrutatus erat. Revixerant diaboli
præftigiæ paffim in orbe chriftiano, hujus opera & autoritate reftitutæ: & magna confluxerat colluvies pfeudophilo-
fophorum, ad difciplinæ fatidicæ profeffionem tractatio-
nemque, & ufum, cum in alias urbes, tum vero Athenas
maxime & Alexandriam qui mafculos & femellas, impube-
res atque incorruptos, ad aras idolorum ethnicorum mac-
tarunt & carnes etiam horum deguftarunt.   Comentar.
de præcipuis divinationum generibus in quo à prophe-
tiis autoritate divina traditis, & à phyficis conjectu-
ris difcernuntur artes, & impofturæ diabolicæ, &c.
Gafparo Peucero, pag. 226.

Voilà Jamblique, Themiftius, Libanius, qui furent
amis de Julien, & dont nous admirons les vertus, &
les fentimens dans les ouvrages qui nous reftent encore d'eux, changés en anthropophages, & fe nourrif-
fant de chair humaine: mais d'où vient Pucerus n'au-
roit-il pû croire une pareille abfurdité, puifqu'il en
rapporte d'autres comme très-veritables & arrivées de
fon tems?   „Une jeune muficienne, dit-il, native de
„Bonne, qui étoit fort aimée dans cette ville à caufe
„de fon talent, étant venue à mourir, un magicien
„ayant attaché un charm⌐ fous les aiffeles de cette
„fille, par le pouvoir du diable, elle parût vivante,
„elle fréquentoit les affemblées publiques, elle fe
„trouvoit dans les feftins, où elle étoit invitée, elle
„jouoit des inftrumens felon fon ufage ordinaire, par-
„faitement femblable aux vivans, elle étoit feulement
„un peu pâle.   Il arriva qu'un autre magicien, in-
„ftruit

titude de la prédiction qui doit s'accomplir
dans l'avenir [47].

„ſtruit par le diable, de cette aventure, en fit connoitre
„l'impoſture. Cette fille *dit-il*, n'eſt point vivante, c'eſt
„un cadavre; il détruiſit en même tems le charme;
„la fille tomba par terre & parut morte, ainſi qu'elle
„l'étoit depuis longtems. C'eſt ainſi que le diable ſe
„joue des hommes: il ne peut cependant faire rentrer
„dans un corps une ame qui en eſt deja ſortie.„ *Au-*
divimus Bononiæ fuiſſe cithariſticam virginem caram mul-
tis propter artem, quam vita functam magus quidam alli-
gato ad alas faſcino ad eum modum, diabolo collu-
dente, adornarat, ut cætus hominum & congreſſus
publicos & convivia frequentaret, caneret fidibus con-
ſueto more, nec à vivis differre videretur, & ſi palleret
plus nimio. Incidit in hanc forte alius quiſpiam magus,
& animadverſa (diaboli monitu) impoſtura, cadaver, in-
quit, eſt iſta, faſcinumque ſuſtulit: eo amoto ſtatim ipſa ad
terram collapſa jacuit exanimis. Sic ſæpe alias ludit dia-
bolus; nequit tamen ſemel extinctis halitus afflare vitales,
& ſolutum carcere ac vinculis corporibus animam reddere.
Id. ib. pag. 9.

O Julien, vertueux imitateur de Marc-Aurele,
Marco Antonino non abſimilis, voilà donc quels ſont
les écrivains qui t'accuſent d'avoir ſacrifié des victimes
humaines, & qui font le même reproche aux philoſophes que tu honoras de ton amitié, & de ton eſtime!
Mais ce qui doit mettre ta mémoire à couvert de leur
reproche, c'eſt qu'ils taxent preſque tous les chretiens
d'être ſorciers, & que le miſtere de la cene des catholiques eſt regardé par eux comme une magie abominable: les autres ceremonies de l'Egliſe romaine

N 3   ſont

font également des prestiges du diable. „Le diable
dit *Pucerus*, toujours attentif d'imiter les veritables
„miracles, par un art trompeur, a persuadé aux
„hommes crédules & infortunés, après les avoir sé-
„duits par l'imposture de ses charmes, qu'il y a une
„force efficace, & une vertu naturelle dans certaines
„paroles, & qu'en les prononçant d'une certaine ma-
„nière elles produisent une nouvelle force, & un nou-
„veau changement dans les substances: c'est de cette
„opinion erronée qu'est venu l'abus & l'usage criminel
„qu'on fait de la parole divine: c'est encore de la
„même source d'où decoulent les consecrations impies,
„& tenant de la magie, que l'Eglise romaine fait de
„l'eau, du feu, du sel, de l'huile; c'est de là que vient
„la croyance de la *transsubstantiation*, le fondement,
„& la force principale de l'idolatrie papiste qui par
„une *transformation* fait succéder à la substance du pain
„la substance du corps de Christ, couverte par les acci-
„dens du pain qui demeurent." *Hæc (incantator)*
diabolus, arte præstigiatrice imitaturus, persuasit credulis
& miseris hominibus dementatis prius imposturarum fascino,
ut verbis ipsis δυναμιν ενεργητικην *inesse,* & Φυσικην, &
ex his, novam vim exilire in eas res, ad quas pronuncia-
rentur, crederent. Hanc incantationum ludibria exstructa
atque artificia quæ horribilibus & verbi divini, & rerum
conditarum constant abusibus. Inde natæ & in ecclesiam
introductæ consecrationes impiæ, & prorsus magicæ, aquæ,
ignis, salis, olei, & aliarum rerum. In.. profecta per-
suasio, quæ idolomaniæ pontificiæ caput, & nervus est
potentiæ de conversione panis, ad pronunciationem verborum,
in substantiam corporis Christi, quam χαταμεταποιησιν
alii, seu μεταβολην, *id est simplicem conversionem physicam,*
alii κατα μετουσιαν, *seu* μεταστοιχειωσιν, *succedente scili-*
cet

cet in locum evanescentis substantiæ panis, substantia Christi,
induentis accidentia panis quæ remanent, fieri contendant,
horribili furore & cæcitate. Id. 16. pag. 188.

L'on sera peut être curieux de savoir dans quel
espece de genre de magie Pucerus place celle des
Evêques, & des Prêtres de l'Eglise romaine : il soutient
„qu'elle est du genre de celle que les anciens ont
„appellée *pharmacie*, Φαρμακεια, dans la quelle on se
„sert de plusieurs plantes, & d'autres remedes com-
„posés de mixtes, dont les uns sont nuisibles, les
„autres salutaires, les autres surprenans, & les autres
„diaboliques, selon leur différente force & varieté.
„Pythagore, les anciens Mages, & Democrite userent
„de cet art magique, & donnerent des noms particu-
„liers à ces herbes dont ils se servoient pour faire
„leurs enchantemens. Les sortileges & les consecra-
„tions papistes sont du même genre que ces enchan-
„temens, & l'on ne sauroit trop les avoir en hor-
„reur, parcequ'on les opere par le moyen de certaines
„paroles divines, dont on fait un abus criminel, &
„qu'on employe à la persuasion du diable." Montrons
que nous ne prétons rien à Pucerus qu'il n'ait dit, &
détruisons l'accusation qu'il fait à Julien par celle
dont il veut flétrir tous les catholiques. *Φαρμακεια est*
qua ex creaturis, & præcipuè corporibus mixtis nova vi
imbutis falsa opinione, ac velut consecratis Φαρμακευται
præparant pharmaca noxia & salutaria, mira & diabolica
vi ac varietate: .... Similes prorsus sunt hujus
generis incantationibus illæ de quibus supra dixi, conse-
crationes olei, salis, aquæ, panis, herbarum, pontificiis
usitatæ, quæ nunc etiam ludibriis sopsimatum tueri multi
conantur .... Has & alias hujus generis portentosas,
& vere magicas superstitiones exexecremur: etiam ipsum

N 4

execre.

execremur in his consecrationibus, abusum verbi divini,
quod impia & diabolica persuasione adhibetur, ad eas res
efficiendas. Id ib. pag. 194. & 195. & 596.

Lorsqu'on voit la haine que les Theologiens des
differentes sectes ont les uns contre les autres, les fauffes imputations dont ils se chargent mutuellement, ne se
contentant pas d'appeller ignorans, fripons, seducteurs
leurs adverfaires, mais voulant encore prouver qu'ils
font forciers, partifans & fuppôts du diable, il est aifé
de juger de la croyance qu'on doit accorder aux Princes
qu'ils n'aiment pas. On feroit dans une erreur grof-
fiere fi l'on croyoit, que les Theologiens & les écrivains
ecclefiaftiques anciens ont été plus retenus & plus
veridiques dans leurs reproches & dans leurs invectives.
C'eft dans la façon de penfer, parfaitement femblable
entre les theologiens anciens & modernes, qu'on peut
voir que le cœur humain n'a pas changé par la durée
des fiecles, & qu'il eft tel aujourd'hui qu'il fut autrefois. On a publié en Hollande, dans la Gazette litte-
raire de l'Europe, & à Paris dans les feuilles de Mr.
Freron un long extrait d'un fermon de l'Archevêque
de Novogrod intitulé: *Difcours prononcé par l'Arche-*
vêque de Novogrod devant Dieu & devant fon Clergé.
Si l'on compare les endroits les plus caracteriftiques
de ce difcours, avec ceux qu'on trouve dans les oraifons
que St. Gregoire de Naziance nous a laiffées contre
l'Empereur Julien, on verra que rien n'eft plus ref-
femblant, dans leur façon de penfer, que les Evêques
de l'ancienne Eglife grecque, & ceux de la moderne:
ils ne different que dans la maniere de rendre plus
ou moins noblement leurs idées. L'éloquence de l'Evêque de Novogrod eft celle des habitans d'Archangel;
celle de St. Gregoire de Naziance eft formée fur celle

des

des orateurs de l'ancienne Grece. On fait que malgré
les foins, que les Ruffes fe font donnés depuis Pierre I,
pour faire fleurir chez eux les arts & les fciences, &
malgré les progrès qu'ils y ont faits, il y a encore
quelque nuance entre un Mofcovite d'aujourd'hui, & un
Athenien d'autrefois.

47 τὴν δὲ ἀλήθειαν ἐκ ἴσεσιν ἐκ ψιλῶ ῥήματος, ἀλλὰ
χρὴ τι καὶ παρακολυθῆσαι τοῖς λόγοις ἐναργὲς σημεῖον,
ὃ πιςώσεται γενόμενον τὴν εἰς τὸ μέλλον πεποιημένην προαγ-
γόρευσιν. *Car il ne fuffit pas d'une promeffe vague pour autorifer la verité d'une chofe: mais il eft néceffaire qu'une
marque certaine affure la certitude de la prédiction qui doit
s'accomplir dans l'avenir.*

Rien n'étoit fi incertain que ces marques affurées,
que Julien demandoit comme une certitude de l'ac-
compliffement futur d'une prédiction. Il n'y avoit que
la force des préjugés qui pût perfuader qu'il exiftoit
de pareilles marques, puifqu'on voyoit très-fouvent
la preuve du contraire. Lorfque cela arrivoit, ceux
qui étoient prévenus en faveur de la verité de la divination difoient, que ce n'étoit pas la faute de la certitude des marques qu'elle donnoit, mais celle de ceux
qui ne les avoient pas bien obfervées. Le menfonge n'é-
toit jamais une fuite de l'art, mais toujours l'ignorance
de celui qui le pratiquoit. Ceux qui croyent encore au-
jourdui à la divination & à l'aftrologie judiciaire tiennent le même langage. Il eft vrai que les Savans
les plus éclairés n'ajoutent pas plus de foi aux affu-
rances des aftrologues & des devins, que les philofophes anciens qui s'étoient élevés au deffus des préjugés de leur fiecle, ne leur en accordoient.

Il y avoit, il faut en convenir, quelques philofophes
qui admettoient la divination; les differens fiecles,

étoient

étoient opposées sur cette croyance comme sur bien
d'autres choses : mais le grand nombre des savans ne
faisoient aucun cas de cet art; „La vie, *dit Pline*, est
„pleine d'histoires fondées sur les prédictions, l'on
„n'en doit faire aucun cas, étant ordinairement faus-
„ses, comme nous le montrerons par un exemple
„bien frappant. Pendant la guerre de Sicile, Gabienus,
„officier de distinction sur la flote de Cesar, ayant été
„fait prisonnier par Sexte Pompée, on lui coupa le cou,
„en sorte que la tête étoit presque entierement détachée.
„Il resta étendu sur le rivage : la nuit approchant, s'é-
„tant assemblé autour de lui une multitude de gens, il de-
„manda avec beaucoup de gemissement & de prieres,
„que Pompée vint le trouver, ou qu'il envoyat à sa place
„quelqu'un de ses intimes confidens, parce qu'il étoit re-
„venu des enfers pour lui révéler un secret. Pompée ayant
„chargé plusieurs de ses amis d'aller voir Gabienus,
„il leur dit que le parti que Pompée avoit embrassé
„plaisait au Dieux infernaux, qui le regardoient comme
„juste, & que ce general obtiendroit le succès qu'il
„souhaitoit dans son entreprise. Gabienus ajouta que
„pour prouver qu'il avoit eu veritablement ordre d'an-
„noncer ce qu'il apprenoit à Pompée c'est qu'il mour-
„roit d'abord après ; & cela arriva comme il l'avoit dit.„
Plena præterea vita est his vaticiniis sed non conferenda,
quàm sæpius falsa sint, sicut ingenti exemplo docebimus.
Bello siculo Gabienus Cesaris classiarius fortissimus captus
à Sexto Pompeio, jussu ejus incisa cervice, & vix cohæ-
rente jacuit in littore toto die. Deinde cùm advesperavisset,
cum gemitu precibusque, congregata multitudine, petiit
uti pompeius ad se veniret, aut aliquem ex arcanis mitte-
ret: se enim ab inferis remissum, habere quæ nuntiaret.
Misit plures Pompeius ex amicis, quibus Gabienus dixit:

inferis

*inferis diis placere Pompeii caufas & partes pias: proinde
eventum futurum quem optaret: hoc fe nuntiare juffum:
argumentum fore veritatis, quod peractis mandatis; pro-
tinus exfpiraturus effet: id que ita evenit* C. Plin. Hift.
nat. lib. VII. cap. 53.

Combien de contes auffi ridicules & auffi faux ne
debite-t-on pas tous les jours, qui font adoptés comme
veritables, ainfi que l'hiftoire de Gabienus etoit encore
du tems de Pline reçue comme un fait autentique.
C'eft envain que, pour détruire la croyance de pareilles
fables, des philofophes s'élevent contre, ils n'operent
pas d'avantage fur les efprits prévenus par la fuperftition, que Pline n'opéra fur ceux de fes contemporains
qui croyoient aux revenans & aux prédictions. Ce
philofophe parlant en Epicurien leur difoit. ,,Tout
,,ce que l'on dit des manes eft fabuleux, nous n'exif-
,,tons pas davantage après la mort qu'avant notre naif-
,,fance." *Poft fepulturam variæ manium ambages: omnibus
à fuprema die eadem quæ ante primum: nec magis à morte
fenfus ullus aut corporis aut animæ, quam ante natalem.* id.ib.

Ce difcours ne faifoit pas plus d'impreffion fur
les payens, croiant le Tartare, les Champs élizées
Proferpine & Pluton, que les remontrances de nos
philofophes & de nos fages theologiens n'en font fur
les chretiéns fuperftitieux, croyant aux revenans &
à leurs prédictions. C'eft envain qu'on leur dit: l'Ecriture nous apprend avec autant de certitude que de
clarté, qu'après la mort les coupables iront pour
toujours dans l'enfer deftiné à leur fupplice, & les
juftes dans le Ciel jouir d'une vie éternelle: Καὶ ἀπε-
λεύσονται οὗτοι εἰς κόλασιν αἰώνιον; οἳ δὲ δίκαιοι εἰς
ζωὴν αἰώνιον. *Et ibunt hi in fuplicium æternum: at jufti
in vitam æternam.* Evang. Math. cap. xxv. verf. 46.

Les

Les contes qu'on débite fur les revenans ont été inventés par le fanatifme, par l'avarice, par l'ambition de dominer fur l'efprit des hommes, par la crainte & la terreur. Les prêtres chez les païens fe fervirent habilement de la fuperftition, & malheureufement les nôtres aujourd'hui employent les mêmes moitens pour accroître leur crédit; ils perfuadent aux hommes des fables dont ils retirent un grand profit, & ne font revenir les ames de l'autre monde, que pour faire croire qu'ils ont le pouvoir de les y foulager, quand on paye leurs prieres. Nous fommes bien éloignés, lorfque nous parlons ainfi, de croire qu'on ne doit pas prier pour les morts; nous fommes catholiques, & par conféquent convaincus de l'exiftence du purgatoire: mais nous penfons que fi les prieres des prêtres étoient gratuites, elles délivreroient les ames fans qu'elles vinffent jamais en démander fur la terre.

Il en eft de tous les differents genres de divination, ainfi que de celui qu'on croit pouvoir établir fur les révélations qui nous font faites par des revenans. Nous allons les parcourir fuccintement, & en montrer le peu de folidité: nous prouverons que c'eft avec raifon que Leibnitz a dit, qu'il n'y a aucun art, quelque abjet & méprifable qu'il foit, qui ne mérite plus d'attention que celui de la divination, qui dans toutes les differentes manières dont on l'employe eft également deftitué de tout fondement & de toute réalité; au lieu que les autres ont du moins des principes, & peuvent être par hafard utiles à quelques petites chofes, dont on peut faire ufage dans la fociété.

On divife en quatre claffes principales les differens genres de divination, dont les autres ne font que des bran-

branches: la divination qui vient par l'efprit de Dieu, qui eft divinement infpirée, telle qu'eft la révélation qui a été faite aux Prophetes & aux Apôtres, la feule véritable, doit être crue avec foumiffion; & ne peut être mife en doute: nous ne l'examinerons donc pas, parce qu'ayant fon origine dans une fource divine elle ne peut être connue que par la foi; cette divination forme la premiere claffe. La feconde contient toutes les divinations naturelles ou artificielles. La troifième renferme celles qui font operées par l'œuvre du démon, & qu'on appélle communément enchante-mens, fortiléges, ou magie diabolique, μαντικὴ πνευματικὴ, Φυσικὴ ἤτε χικὴ, κοινὴ ἤ δημωδὴ, διαβολικὴ.

La divination naturelle ou artificielle regarde les chofes, qui dependent des effets ou des confidérations phyfiques. Μαντικὴ Φυσικὴ, ἤ τεχνικὴ intuetur & confiderat naturas rerum conditarum. Cette divination n'a rien de furnaturel: mais elle n'eft pas certaine, par-ce que les effets fur lefquels elle eft fondée peuvent changer d'un moment à l'autre, & par conféquent pro-duire un évenement tout different de celui qu'on a prédit: les préfages que les medecins tirent de cer-tains fimptomes des maladies font dans ce cas; car il peut fe faire un dérangement fubit par une caufe imprévue qui anéantit touts leurs préfages. Se-lon Galien les principaux fignes fur les quels les me-decins peuvent fonder leurs prediftions, ce font ceux qu'ils voyent dans les urines, dans les excrémens, dans les crachats, dans les fueurs, dans toutes les chofes qui font dépendantes des affections du corps, & qui paroiffent dans les fonctions naturelles, anima-les & fpirituelles; τὰ ἐμφαινόμενα ἐν τοῖς ὔροις, διαχωρήμασι, πλυέλοις, ὑδρῶσι, καὶ τὰ ἐυρισκόμενα ἐν

ταῖς διαθέσεσὶν ὅλα τοῦ σώματος, καὶ τὰ ἐμφαινόμενα ἐν ταῖς Φυσικαῖς καὶ ψυχικαῖς ἐνεργείαις. *Gal. de Sig.*

Mais tous ces fignes font très-fouvent trompeurs, & les plus habiles medecins en conviennent: le pouls même, d'où l'on peut tirer le plus de conjectures, jette fouvent dans l'erreur : rien n'eft plus difficile que d'en aquerir la connoiffance , & les perfonnes qui l'ont fouvent cherché avec attention toute leur vie n'ont pu parvenir à l'acquerir. Ceux qui profeffent la medecine, ou l'art conjectural de guérir les hommes, & qui parlent de bonne foi avouent cette difficulté. *Exploratio, cognitio, dijudicatioque pulsuum, non dicam exacta, fed qualiscumque, difficillima: pauci vel à prima ætate, toto vitæ tempore, in ea tractatione, animadverfioneque exercitati, vix tandem difcrimina perdifcunt ut cunque, plurimi ne quidem eam attingunt, abfterriti difficultate. Pucer. de Præfag. medic. pag. 291.* Les medecins n'ont ils pas établi comme un axiome dans certaines maladies, *pulfus bonus, urina bona, attamen æger moritur* le poulx eft bon, l'urine eft bonne, cependant le malade meurt.

Si dans les caufes phyfiques les préfages des medecins font fouvent trompeurs, combien ne doit-on pas méprifer les autres divinations, qu'on place dans la même claffe, & qui font fondées fur les fignes qu'on peut tirer de l'arrangement, du mouvement & de l'influence de quelques corps, qui n'ont aucun rapport avec les chofes qu'on veut expliquer par leur moyen : telle eft la divination fondée fur l'aftrologie. „Il y a, *dit l'auteur de l'art de penfer*, une conftellation „dans le ciel, qu'il a plu à quelques perfonnes de nom„mer balance, & qui reffemble à une balance comme „à un moulin à vent : la balance eft le figne de la juftice;

„ftice; donc ceux qui naîtront fous cette conftellation „feront juftes & équitables. Quelque extravagans „que foient ces fentimens, il fe trouve des perfonnes „qui les débitent, & d'autres qui s'en laiffent perfuader.

Si les regles de l'aftrologie étoient vraies, nous ferions neceffités au mal comme au bien, puifque nous ferions invinciblement forcés d'exécuter ce qui feroit écrit dans les aftres, & que leurs differentes pofitions fous lefquelles nous ferions nés nous prédeftineroient dès le moment de notre naiffance. N'eft-il pas infenfé de foutenir, que les influences des aftres agiffent fur nous, avec autant de rapidité que notre liberté, puifque ce font elles qui la determinent; & ce qu'il y a de plus abfurde à foutenir, c'eft que ces mêmes influences doivent infpirer dans le même inftant deux perfonnes nées fous le même aftre d'une maniere differente, & régler leur volonté en s'accordant à leur temperament. Car les aftrologues prétendent, qu'on ne peut rien faire, que ce qui a un rapport direct avec l'étoile qui fait le theme de notre naiffance, c'eft à dire fous laquelle nous fommes venus au monde. Celui, dit Ptolomée, qui eft propre à quelque chofe, a dans le theme de fa naiffance un étoile qui fignifie cette faculté dont il eft doué. Ὁ πρός τι πρᾶγμα ἐπιτήδειος ἕξει πάντας καὶ τὸν δηλοῦντα ἀσέρα τὸ τοιῦτον ἐνδύναμον ἐν τῷ οἰκείῳ γενεθλίῳ. Qui ad rem aliquam idoneus eft habebit omnino, in themate natalis fui, ftellam quæ facultatem illam fignificet. Si cela étoit veritable, Dieu en nous foumettant au pouvoir de l'aftre, fous le quel nous ferions nés, nous auroit ôté toute liberté. Convenons donc, que l'aftrologie judiciaire eft également contraire aux principes de la bonne philofophie & de la théologie.

Nous

Nous favons aujourd'hui que ces cometes, auxquelles autrefois ou faifoit prédire tant de malheurs, font des aftres qui ont leur cours comme les autres; & qu'il eft auffi ridicule, de dire qu'une comete qui paroit, annonce des malheurs extraordinaires, qu'il le feroit de foutenir que la lune fe leve, fe couche, pour fignifier la mort de quelque fouverain.

Les divinations vulgaires, qui fe font par l'examen de certaines lignes fur la main, ou par les traits de la phyfionomie, ou par les forts qu'on tire, foit avec des dez, des cartes, ou autres chofes, font fi pueriles, qu'elles ne méritent pas d'être réfutées ferieufement.

Examinons actuellement la divination à la quelle on a donné le nom de magie ou de diabolique, μαντικὴ διαβολικὴ. On prétend qu'elle a été pratiquée autrefois par le moyen des oracles, des victimes, des Arufpices. Mr. van Dale, & après lui, Mr. de Fontenelle, ont fi bien prouvé qu'il y avoit eu beaucoup de fourberies & de tromperies des prêtres dans les oracles rendus dans les differents temples, & que le demon n'y prenoit d'autre part que celle qu'on lui donnoit, fans qu'il en fût rien, qu'il eft inutile de redire ici ce qu'on trouve fi bien détaillé, fi clairement demontré, & fi invinciblement prouvé dans les ouvrages de ces deux philofophes.

Quant à la divination par les victimes, il ne faut que confidérer les chofes qui annonçoient dans ces victimes les préfages, pour voir le peu de fondement qu'on devoit faire fur eux. C'etoit un mauvais préfage, fi la victime ne fuivoit pas de bon gré fon conducteur, & qu'il fallut la conduire par force; fi elle s'étoit échappée des mains de ceux qui la menoient; fi elle avoit évité le coup qu'on vouloit lui donner; fi

ayant

ayant été frappée, elle s'étoit enfuie; ou fi elle avoit jetté de trop grands cris; fi elle n'étoit pas tombée par terre d'une manière tranquille, & qu'à demi-morte elle eût remué trop longtems fes pieds, & n'eût expiré qu'avec peine; fi le fang avoit coulé difficilement de fa bleffure; & fi dans le moment qu'on lui perçoit la gorge on croyoit avoir apperçu quelque chofe de trifte dans fes yeux. Tous les fignes contraires à ceux que nous venons de décrire étoient favorables, & annonçoient des préfages heureux. Quel eft celui qui n'étant pas aveuglé par les préjugés, ne voit pas que tous ces differents fignes, foit malheureux, foit heureux, dépendoient du caprice d'un animal, qui marchoit plus ou moins paifiblement, felon qu'il étoit plus ou moins docile? Que devoit dire un philofophe épicurien, lorfqu'il voyoit que l'on faifoit dépendre le fort de l'Empire romain de la façon dont un boeuf marchoit, & de la maniere plus ou moins adroite dont on l'affommoit, & dont on l'égorgeoit? car c'étoit de l'adreffe du facrificateur, fi l'on y prend garde, que dépendoient tous ces préfages. S'il faifoit une large plaie à la victime le fang couloit bien; s'il la frappoit fortement elle mouroit d'abord. Quant à l'infpection des entrailles, du foie & du cœur de la victime, tout cela dépendoit de la fanté de l'animal qu'on immoloit. Falloit-il donc croire, que la République romaine étoit menacée d'un très-grand malheur, parce qu'une geniffe n'avoit pas les parties

internes bien faines? on auroit dû en conclurre qu'elle avoit mangé de mauvais foin.

La divination des augures & des harufpices fe faifoit par le vol, par le chant des oifeaux, par la manière dont ils mangeoient. Tout cela étoit fi ridicule, que Ciceron difoit, qu'il ne comprenoit pas comment deux augures pouvoient fe rencontrer fans fe mettre à rire. S'il falloit en croire un auteur lutherien; nos Cardinaux devroient également rire, lorfqu'ils font des proceffions pontificales dans les rues de la Rome moderne, qu'ils cherchent à égaler autant qu'il leur eft poffible à l'ancienne, en adoptant toutes les cérémonies païennes. *Ex hac fupplicationum confuetudine, translati funt in religionem chriftianam ritus publicarum proceffionum: adeo enim forma, & imperii romani veteris, & religionis ethnicæ pontificibus allubuit, ut nihil non imitari voluerint quod ad conformandum ecclefiæ ftatum, romano imperio facere viderentur.* Comment. de precip. divin. gener. Gafparo Pucero. pag. 237. Il paroît que dès le temps d'Homere les gens fages & les grands guerriers ne faifoient pas plus de cas des augures, qu'en firent dans la fuite bien des generaux grecs & romains. Hector répond fort durement à Polydamas, qui par la crainte des augures vouloit empêcher le combat; il lui dit, que le meilleur augure & le plus véritable ordre de Jupiter c'eft de défendre vaillamment la patrie; qu'il s'embarraffoit peu d'ailleurs de voir voler des oifeaux à fa droite, ou à fa gauche.

Tú-

Τύνη δὲ οἰωνοῖσι τανυπτερύγεσσι κελεύεις
Πείθεσθαι, τῶν ὔτι μετατρέπομ᾽, ὐδὲ ἀλεγίζω,
᾽Εῖτ᾽ ἐπὶ δέξιᾶσι, πρὸς ἠῶτ᾽, ἠελίοιττε,
᾽Εῖτ᾽ ἐπ᾽ ἀρίστερὰ, τοιγε ποτὶ ζόφον ἠερόεντα.
῾Ημεῖς δὲ μεγάλοιο Διὸς πειθώμεθα βἀλῆ,
῞Ος πᾶσι θνητοῖσι, καὶ ἀθανάτοισιν ἀνάσσει
Εἶς οἰωνὸς ἄριστος ἀμύνεσθαι περὶ πάτρης.

Tu vero me præpetibus parere jubesque
Anguriis, quæ ſperno equidem, quia vana videtur
Seu dextra ſpectentur aves, Phaetontis ad ortum,
Sive ſiniſtra petant obituri limina ſolis.
Concilio magni Jovis at nos fidere oportet,
Quem penes eſt hominum divumque æterna poteſtas.
Optimum id auſpicium eſt patriam pugnando tueri.

Hom. Iliad. lib. 5.

Depuis la deſtruction totale du paganiſme, il n'eſt plus queſtion de la divination par les oracles, par les victimes, & par les haruſpices; elle n'eſt fondée que ſur la magie, c'eſt à dire ſur un pacte direct avec le diable. Ces conventions démoniaques commencerent à perdre beaucoup de leur crédit, au renouvellement des ſciences en Europe; & quoique peu de temps après, Luther aſſurât qu'il avoit eu une très-vive diſpute avec le diable, & lui avoit jeté ſon ecritoire à la tête, pluſieurs Savans n'ajouterent pas beaucoup de foi à cette bataille ſinguliere entre le diable

O 2

&

& ce réformateur; les Catholiques la traiterent d'imposture, & les Proteſtans éclairés la regarderentcomme une de ces ruſes que les législateurs ont miſes quelquefois en uſage.

Catherine de Medicis, & les Florentins qui la ſuivirent en France, y porterent l'uſage du poiſon, & la croyance de la magie: elle fut exercée par un grand nombre de fanatiques & de fous, qui croyoient être véritablement ſorciers, & qui ſe laiſſoient condamner comme tels par des juges, qui ſurement ne l'étoient pas. Sous le miniſtere du Cardinal de Richelieu, Grandier Curé de St. Pierre de Loudun, fut condamné à être brulé comme ſorcier & ami du diable, parcequ'il avoit été ennemi de ce Cardinal lorſqu'il n'étoit que ſimple Evêque. Cette aventure décrédita beaucoup la magie, parce qu'on s'apperçut que le diable qui poſſedoit les religieuſes qu'on diſoit être enſorcelées par Grandier, ſavoit mal le latin: il faiſoit des ſolęciſmes ſi groſſiers, en parlant par la bouche des religieuſes, qu'un des juges ne put s'empêcher de dire en plaiſantant, *Voilà un diable bien peu congru.* Cependant la magie eut toujours ſes partiſans, &, qui pis eſt, il y eut pluſieurs gens d'eſprit qui en crurent la réalité: mais un miniſtre d'Amſterdam, dans le dernier ſiecle, la détruiſit totalement; il fit un livre pour prouver, que le diable n'avoit aucun pouvoir dans ce monde, qu'il étoit renfermé dans une obſcure priſon, ainſi que les autres demons. Il appuya

puya son sentiment de celui de l'Apôtre Saint Jude, qui dit que „les Anges n'ayant pas observé leur principe, „mais ayant quitté leur propre domicile, Dieu les a „réservés dans des liens éternels au milieu d'un lieu „obscur, pour recevoir leur jugement au grand jour. ἀγγέλους τε τοὺς μὴ τηρήσαντας τὴν ἑαυτῶν ἀρχὴν, ἀλλὰ ἀπολιπόντας τὸ ἴδιον οἰκητήριον, εἰς κρίσιν μεγάλης ἡμέρας, δεσμοῖς ἀϊδίοις ὑπὸ ζόφον τετήρηκεν. *Angelos non servantes suum principium, sed relinquentes proprium domicilium, in judicium magni diei, vinculis æternis sub caliginem reservavit.* Epist. Judæ vers. 6. Après avoir établi son opinion en theologien, Becker la soutint en philosophe: il attaqua le diable de toutes les façons, & détruisit son pouvoir beaucoup plus qu'aucun écrivain ne l'avoit fait jusqu'alors; il rapporta un nombre d'histoires, où les prêtres avoient fait jouer à de prétendus possedés des scenes singulieres d'obsession; il prouva que dans tout ce qu'exécutoient les possedés, il n'y avoit rien, si l'on y faisoit attention, qui ne pût être fait naturellement; il démontra que la bonté de Dieu ne permettoit pas que le monde fût livré à la méchanceté d'un être pervers, après que Dieu avoit envoyé son fils pour racheter de la mort du peché le genre humain. Enfin il défia tous les défenseurs de la magie & du diable de lui produire un possedé, dont il ne démontrât la fourberie, & qu'il ne délivrât du prétendu diable qui l'obsedoit, sans le secours de l'eau benite, & de l'exorcisme. Depuis le livre de

Becker

Becker on a commencé à décider plus difficilement qu'auparavant, fi un homme étoit forcier, ou s'il ne l'étoit pas ; autrefois il étoit d'abord déclaré démoniaque: mais le Pere Girard a partagé à fon fujet le Parlement de Provence; vingt juges l'ont declaré *faint*, & dix autres *forcier*. On peut dire de ce jugement ce que Ciceron difoit de certaines opinions philofophiques. Un Dieu verra la quelle eft la véritable. *Harum fententiarum quæ vera fit deus aliquis videbit.*

www.ingramcontent.com/pod-product-compliance
Lightning Source LLC
Chambersburg PA
CBHW071946110426
42744CB00030B/409

DEFENSE

DU

PAGANISME

PAR

L'EMPEREUR JULIEN,

EN GREC ET EN FRANÇOIS,

AVEC

DES DISSERTATIONS ET DES NOTES

Pour
Servir d'Eclaircissement au Texte,
& pour en réfuter les Erreurs;

Par

Mr. LE MARQUIS D'ARGENS,

Chambellan de S. M. le Roi de Prusse,
de l'Académie Royale des Sciences & Belles Lettres
de Berlin, Directeur de la Classe de Philologie.

TOM. II.

Troisième Edition augmentée de plusieurs dissertations qui
ne se trouvent pas dans les précédentes.

A BERLIN, 1769.
CHEZ CHRETIEN FREDERIC VOSS.

Unus dominus, una fides, unum baptifma.
Paul. Epift. ad Ephef. Cap. IV. verf. 5.

Un feul Seigneur, une feule foi, un feul bap-
tème. *Epit. de St. Paul aux Ephefiens.*
Chap. IV. verfet. 5.